Jürgen Ponto

Mut zur Freiheit

JÜRGEN PONTO

MUT ZUR FREIHEIT

Gedanken zu Politik und Wirtschaft

Econon Verlag
Düsseldorf · Wien

Foto des Frontispiz:
Lutz Kleinhans, Frankfurt

1. Auflage 1977

Gesetzt aus der 10 Punkt Garamond der Linotype GmbH
Satz: Uni-Set GmbH, Düsseldorf
Papier: Papier- und Folienfabrik Schleipen GmbH, Bad Dürkheim
Druck und Bindearbeiten: Bercker, Graphischer Betrieb, Kevelaer
ISBN 3 430 17595 X

INHALT

VORWORT
ZU TUN WAS AN UNS IST

Es ist kein Zufall, daß Jürgen Ponto dieses hanseatische Wort besonders geschätzt hat, ist es doch gleichsam der Schlüssel für viele seine Äußerungen zu grundlegenden, aber auch zu aktuellen Fragen der Wirtschaft, des Staates und des Zusammenlebens in unserer Gesellschaft.

Jürgen Ponto war zutiefst davon überzeugt, daß nur in der Zusammengehörigkeit von Freiheit und Vernunft die Rechtfertigung unserer politischen Freiheit liegen kann. Auch war es für ihn unzweifelhaft, daß unsere Zukunft davon abhängen wird, wie weit die Erfahrungen zur Einsicht und das Erleben zur Erkenntnis werden. Sein Wort, daß uns keine Wahl zwischen aktiver Auseinandersetzung mit dieser Zeit und Resignation bleibt, ist wahrlich nicht für den Tag gesprochen, denn die Überzeugung, die dieses denkt, ist Vernunft. Jürgen Ponto hätte noch vieles zu sagen gehabt.

Dieses Buch folgt einem ersten Band mit gesammelten Reden, die 1975 unter dem Titel »Wirtschaft auf dem Prüfstand« erschienen sind. Es enthält im wesentlichen eine Auswahl von Vorträgen und Aufsätzen der letzten beiden Jahre. Aus dem ersten Band sind Auszüge der Ansprache zum 100jährigen Jubiläum der Dresdner Bank 1972 sowie die Rede »Begegnung von Kunst und Wirtschaft« aus dem Jahr 1973 übernommen. Beide Vorträge stehen beispielhaft für den Gehalt der Aussage und die Brillanz des Stils von Jürgen Ponto.

STAAT – WIRTSCHAFT – FREIHEIT

Ich darf Ihnen, sehr verehrter Herr Altbundeskanzler Professor Erhard, für Ihre Ansprache danken. Wir haben uns gefreut, in Ihnen das Herz des Kämpfers schlagen zu hören, und daß in diesem Herzen auch der Humor mitschwingt. Wir würdigen hier und heute zugleich Ihre historische Leistung für Deutschland und für die Rehabilitierung einer liberalen Wirtschaft überhaupt. Sie haben ein Zeichen gesetzt gegen die Reglementierung des Menschen, gegen ein Zuviel an Staat. Die Energien, die Fülle von Initiative und Phantasie, die durch Sie geweckt worden sind, haben die Basis für das Erreichte geschaffen, die Lebensgrundlage für einen Menschen, der sich deshalb zu seinem Staat bekennt, weil er nicht auf Schritt und Tritt von diesem Staat abhängig ist. Auf diesem Fundament baut sich auch unsere Hoffnung auf, daß der in ein neues Selbstbewußtsein hineingewachsene Bürger für den Bestand einer freien sozialen Marktwirtschaft einstehen wird.

Die Einsicht, daß Wirtschaft und Staat in engster Wechselbeziehung zueinander stehen, daß sie in Leistung und Bestand aufeinander angewiesen sind, ist so alt wie der Staat und die Wirtschaft selbst. Der Wirtschaft und damit den Menschen

---

Auszug aus den Ausführungen anläßlich des 100jährigen Jubiläums der Dresdner Bank in der Kongreßhalle in Berlin am 12. September 1972

ihres Landes dienen, dies ist ohne Zweifel ein verbindlicher Maßstab für die Tätigkeit aller hier anwesenden Bankiers aus fünf Kontinenten. Die tiefe Verwurzelung, ja die Identifizierung mit den Interessen unserer Länder bestimmt unseren Rang und unsere Legitimation für unsere internationalen Aufgaben, Aufgaben, in deren Wesen es liegt, Gegensätze auszugleichen, Brücken zu bauen und beständige Partnerschaften über die Grenzen hinweg zu finden. Und ich meine, wir können es als Glück für unsere Gegenwart empfinden, daß uns die neuen Größenordnungen der Wirtschaft heute aus den engeren Bereichen unserer nationalen Tätigkeit heraus in die Koordinierung unserer Kräfte im größeren Verbund drängen.

Bei Betrachtung der deutschen Szene der letzten hundert Jahre sollten wir drei Dinge nicht übersehen.

Zunächst: Eine Vielzahl bedeutender deutscher Unternehmen hat sich über einen Zeitraum bewähren und behaupten können, in dem Regierungen und Regierungssysteme zusammenbrachen.

Zweitens: Nicht nur der Wiederaufstieg Deutschlands nach dem Zweiten Weltkrieg, sondern die große Leistung, die Demokratie als Staatsform in unserem Lande verwurzelt zu haben, leitet sich aus den Ergebnissen liberaler Wirtschaftspolitik, dem Erfolg unserer Wirtschaftsordnung ab.

Drittens: Das Ansehen unseres Landes in der Welt ist heute weitgehend bestimmt von dem Ansehen und der Leistungsfähigkeit unserer Wirtschaft.

Dies alles ist sicherlich für uns kein Anlaß zur Selbstgerechtigkeit, aber es begründet unser Vertrauen in die Kraft der Selbstbehauptung. Und wir meinen: Auch für uns besitzt die Forderung von John F. Kennedy ihren Sinn, nicht danach zu fragen, was unser Land für uns, sondern was wir für unser

Land getan haben. Und ich möchte in aller Bescheidenheit glauben, daß hier die deutschen Unternehmer und mit ihnen auch die deutschen Banken eine gute Bilanz aufmachen können, eine Bilanz fern nationaler Mißverständnisse und nationaler Verengung des Gesichtsfeldes.
Eine unbefangene Geschichtsschreibung wird sich einmal mit den Leistungen der deutschen Unternehmen nach dem Kriege auseinandersetzen müssen, Unternehmen, die jedes für sich alle Kräfte daran setzten, den Verfall ihres Landes aufzuhalten, und dies auch deshalb, weil sie gewohnt waren, das Ganze zu sehen und die Einheit des Landes aus ihrer Struktur heraus zu reflektieren.
Auch in dieser Bank hat man den Zwängen und Versuchungen einer Auflösung widerstehen müssen und widerstanden, um die Substanz zu bewahren, die Generationen erarbeitet hatten. Und die gleichen Männer, die die harte Arbeit der ersten Stunde in diesem Geiste leisteten, haben uns auch den Weg zu unseren alten ausländischen Verbindungen wieder geöffnet. Wir haben heute Anlaß, unseren Freunden in aller Welt, die uns frühzeitig die Hand gereicht haben, zu danken.
Wir begehen unser Jubiläum zu einer Zeit, in der wir alle wissen, daß der Status des freien Handelns, ja der freien Wirtschaft überhaupt, weder national noch international gesichert ist. Da begegnet uns einmal die Fülle von Vorschlägen, die um einer Steuerung der Konjunktur oder der Währungsströme willen die Entscheidungsfreiheit des einzelnen einengen wollen, vielleicht auch einengen müssen. Da sehen wir vor allem aber: Weit mehr als die Hälfte der Bewohner dieser Erde werden erzogen in einem elementaren Zweifel, wenn nicht in Opposition zu dem System, dessen Leistungsfähigkeit auch uns anvertraut ist.
Nun ist an niemandem von uns die tiefe Skepsis vorbeigegan-

gen, die sich mit den so unterschiedlichen Vorstellungen vom Inhalt und vom Gebrauch der Freiheit oder etwa mit der Vorstellung des Fortschritts in den letzten hundert Jahren verbindet, Skepsis vor allem gegenüber einem geistigen oder gar moralischen Fortschritt. Wir haben auch die Rede eines bedeutenden Europäers, Eugène Ionesco, anläßlich der Eröffnung der Salzburger Festspiele vor einigen Wochen nicht überhört. Er spricht ohne Hoffnung für die Zukunft des Menschen in einer Zeit des Zornes und der Gewalt. Er verweist auf fast zweihundert Jahre Revolutionen, die uns, wie er sagt, Niederlage und Bankrott der Revolutionen gebracht haben, die nur die Begierde der Herrschaft des Menschen über den Menschen fördern. Er beklagt, daß sich die Sehnsucht nach Freiheit in einer erschreckenden Weise mit der Wirklichkeit des Wunsches nach Unterwerfung verbindet.
Aber so sehr wir die Zweifel in die Weisheit alles dessen, was geschieht, teilen, so sehr auch wir den hilflosen Menschen in einer veränderten Umwelt sehen, so sehr wissen wir auch, daß wir als Wirtschaftler und als Unternehmer nicht die Wahl haben zwischen aktiver Auseinandersetzung mit der Zukunft und Resignation. Auch wir können uns nicht von der Aussage Immanuel Kants befreien, daß die Notwendigkeit, zu entscheiden, weiter reicht als die Möglichkeit, zu erkennen. Für diese Entscheidung aber werden wir immer die Freiheit reklamieren.
Klaus Harpprecht, den wir gebeten haben, für unsere Festschrift in einem Essay eine kritische Auseinandersetzung mit den hundert Jahren zu suchen – und wir haben gern mit ihm auch über diese hundert Jahre gestritten –, schreibt gegen Ende seiner Betrachtung: »Resignation erspart uns nichts. Sie bewahrt uns vor keiner Niederlage. Sie hält uns nur davon ab, die Erfahrung anzunehmen und fruchtbar zu machen.«

Ich glaube, wir sollten das beherzigen. Resignation hat es in dieser Bank nie gegeben. Das ist unsere Erfahrung, das ist auch unsere Tradition, dic wir in die Zukunft einzubringen haben. Wir erheben sogar den Anspruch, Ionesco zu widersprechen, nämlich dort, wo er sagt, die Industrie und ihre Produkte hätten uns nur an den Rand der Zerstörung der Erde und ihrer Atmosphäre gebracht. Wenn in den verworrenen Entwicklungen der letzten hundert Jahre ein Fortschritt definiert werden kann, dann doch zumindest der, daß sich in der industriellen Arbeitsleistung der Sinn des Wirtschaftens weitgehend erfüllt hat, nämlich den Menschen von unmittelbarer Not zu befreien. An dieser Leistung haben viele in diesem Raum hier ihren Anteil.

Diese Bank hat in der Vergangenheit allen Sorgen, Zweifeln und Ängsten zum Trotz an einer Fülle von Aufgaben und Projekten in wohl allen Bereichen menschlichen Denkens und Handelns, der Umwandlung von Phantasie in Wirklichkeit mitgewirkt. Sie hat gewichtigen Anteil an der Entwicklung von Energie, Produktion, Handel und Verkehr. Sie hat über Jahrzehnte der Erhaltung und Mehrung von Vermögen in breitester Streuung gedient. Sie wird das auch in Zukunft tun.

Welche Grundsätze werden künftig unser Handeln bestimmen? Gestatten Sie mir ein Wort vor allem an die jüngsten Ehrengäste in diesem Kreis, an unsere jungen Mitarbeiter, die noch in der Ausbildung stehen.

Sie sehen vor sich die Büste unseres Gründers Eugen Gutmann. Viele unserer hier anwesenden Pensionäre, die 40 und 50 Jahre für unsere Bank gearbeitet haben und die ich an dieser Stelle besonders herzlich grüße, werden sie noch an ihrem ursprünglichen Standort im Treppenhaus der alten Dresdner Bank in Berlin gesehen haben. Die Büste von Eugen Gutmann ist heute zum erstenmal seit 38 Jahren wieder in Berlin, nach einer Wanderschaft durch halb Europa, durch die heute kaum noch faßbaren Wirren der Zeit, der Bank von der Familie in einer großzügigen Geste zurückgegeben.

Niemand möge übersehen, daß sie heute hier mit uns steht an einem Ort von historischem Gewicht. Hier konzentrieren sich in einem Umkreis von wenigen hundert Metern Glanz und Elend von hundert Jahren deutscher Geschichte. Hervorragende geistige, wissenschaftliche, künstlerische und wirtschaftliche Leistungen sind in diesem Zeitraum hier erbracht worden. Es ist nicht weit bis zur Humboldt-Universität, zur Charité, einem großen Namen in der Medizin. Wir sind hier in Sichtweite des Reichstages, und das alte Regierungsviertel, in dem die Geschicke des Deutschen Reiches bis 1945 geprägt wurden, liegt nur wenige Schritte von hier.

Und es ist nicht weit zum Brandenburger Tor. Dort sind sie vor bald 40 Jahren mit Fackeln hindurchgezogen, und auch sie haben gesungen von Freiheit und von einer neuen Weite des Lebens, von einem Aufstand der jungen und der neuen Kräfte. Erhalten wir uns ein feines Ohr für die falschen Töne. Generationen sind mit leeren Händen ausgegangen, weil sie dem Drange schöner Parolen und wohl auch schöner Gefühle erlagen. Diese Welt ist mit Trümmern übersät worden, weil der Verstand nicht mehr zu Wort kam.

Unser Beruf, liebe junge Mitarbeiter, zwingt uns in den nüchternen Umgang mit der Realität. Nehmen Sie die große Chance dieses Berufes wahr, ständig dicht an der Realität zu leben und mit Sachverstand daran zu arbeiten. Wir wissen alle: Diese Welt hält keine Wunder bereit. Jede mögliche Bewegung nach vorn, jeder Versuch eines Fortschritts setzen Arbeit, Fleiß und Ausdauer voraus und erfordern vor allem unseren Verstand, unseren Willen und unsere Fähigkeit, das Bestehende zu begreifen.

Lassen Sie sich nicht irre machen in der Erkenntnis, daß unsere Kraft aus der Vielfalt der Initiativen und der Entscheidungsfreiheit jedes einzelnen Menschen folgt, und daß der Erfolg des Ganzen keine anderen Gesetze kennt als diejenigen, die für das Wohl des einzelnen gelten. Sie wissen, daß in der Wirtschaft, der Sie dienen, Veränderungen des Bestehenden nicht immer Gewinn, nicht Vermehrung der Substanz sein müssen. Veränderung kann sich auch als Verlust darstellen. Die Bilanz einer Volkswirtschaft hat im Prinzip keinen anderen Maßstab als das Gericht der Zahlen. Überschreitet das Soll das Haben, so können auch die Künste staatlicher Buchführung nicht überdecken, was verlorengeht.
Bleiben wir also nüchtern, und treten wir hier und überall, wo in der Welt es nottut, dafür ein, den Verstand, die Vernunft wieder in ihren Rang einzusetzen. Und lassen wir uns die Freiheit nicht ausreden, die all denen immer unbehaglich, unerträglich sein wird, denen Macht und Gewalt über die Freiheit anderer alles gilt.
Meine Damen und Herren, die Kongreßhalle, in der wir uns zusammengefunden haben, ist ein Geschenk der Vereinigten Staaten von Amerika an die Stadt Berlin, ein Zeichen des guten Willens, früh gesetzt, ein Zeichen des Wunsches nach Gemeinsamkeit und Frieden, nach einem Leben unter freien Menschen. Wir sollten von hier die Hoffnung mitnehmen, daß wir, vor allem die Jüngeren unter uns, in Zukunft einen Schritt den Idealen näherkommen, die Benjamin Franklin, ein Kronzeuge der Freiheit, vor zweihundert Jahren niederlegte, und die die Stifter dieses Hauses hier eingemeißelt haben:
Gebe Gott,
daß nicht nur die Liebe zur Freiheit,
sondern auch ein tiefes Bewußtsein

von den Rechten der Menschen
alle Völker der Erde durchdringe,
so daß ein Philosoph,
wohin immer er seinen Fuß auch setzen möge,
sagen kann: »Dies ist mein Vaterland.«

VERSTAATLICHUNG LÖST KEINE PROBLEME

Über einen Mangel an öffentlicher Aufmerksamkeit brauchen sich die Banken heute weniger denn je zu beklagen. Es ist wieder populär geworden, den Banken am Zeuge zu flicken. Wenn es auch an Kenntnis und Verständnis für Aufgaben und Funktion der Banken fehlen mag: Allein durch die Größe ihrer Organisation fühlt sich jedermann berufen, ein Wort mitzusprechen.

Mit wem liegen die privaten Banken ernstlich im Konflikt? Lassen wir hier einmal die Auseinandersetzungen mit denen auf sich beruhen, denen die privaten Banken aus ihrem politischen Gesichtsfeld heraus ein ebenso unerträglicher wie unentbehrlicher Widerpart sind, die hier ihren Unmut über das freie Wirtschaften konzentriert sehen und die den privaten Bankier jeder Größenordnung letzten Endes als Pappkameraden ihrer Ideologie einsetzen müssen, um sich auf das ganze System einzuschießen.

Niemand wird diese Gruppierung in ihrer Entschlossenheit unterschätzen, auch wenn es sich letzten Endes um eine Allianz der Ahnungslosen handelt. Hier fehlen Kenntnis und Erfahrung über Leistung und Aufgabe einer Bank nahezu völlig; öffentliche Resonanz setzt jedoch bekanntlich Sachkenntnis keineswegs voraus.

Artikel in der Zeitschrift »manager-magazin«, September 1973

Ernster zu nehmen sind Stimmen, die im Zusammenhang mit den Bemühungen um die Rückgewinnung der Geldwertstabilität nicht nur nach mehr Staat und rechtzeitiger staatlicher Initiative rufen, sondern die meinen, man müsse die dominierende Rolle der Kreditpolitik mit einem wesentlich stärkeren staatlichen Durchgriff auch auf die privaten Banken verbinden. Diese Meinung wird derzeit genährt von der Vorstellung, daß die außerordentlich harte Restriktionspolitik der Deutschen Bundesbank rascher zum Erfolg führen könnte, wenn nur der Bankenapparat unmittelbar auf staatliche Impulse reagiere.

Die privaten Banken werden gut daran tun, auf eine sachbezogene Argumentation selbstkritisch zu reagieren, zumal sie von ihrer Aufgabe her für ein gutes Zusammenspiel mit der Notenbank aufgeschlossen sind.

Überdenkt man unsere Position und mögliche Konflikte von staatlichen und privaten Interessen, so wird man folgende Überlegungen einbeziehen dürfen: Zunehmende Konzentrierung von Entscheidungsbefugnissen auf den Staat hin ist mit Sicherheit begleitet von dem wachsenden Risiko staatlicher Fehlentscheidungen.

Eine stärkere Konzentration des Entscheidungsprozesses auf wenige staatliche Stellen hin erhöht in bedenklicher Weise vor allem die Anfälligkeit der ganzen Volkswirtschaft für theoretische, oft praxisfern ersonnene Modelle. Unsere Erinnerung an wirtschaftspolitische Fehlentscheidungen ungewöhnlichen Umfanges ist lebendig.

Wir müssen die Frage stellen, ob es nicht vom Prinzip her besser ist, Entscheidungsprozesse sowohl in der staatlichen wie in der privaten Ebene auf viele Köpfe zu verteilen, zumal diese Köpfe sich in ihrer unterschiedlichen Aufgabenstellung zum Wohl des Ganzen gegenseitig ergänzen. Es ist vom

Grundsatz her eine gute Sache, daß sich die hoheitliche, gemeinnützige, nicht immer kostengünstige Aufgabenstellung des Staates mit den dem Ertrag verpflichteten, genauer kalkulierenden Unternehmen der privaten Wirtschaft, auch der privaten Banken, begegnet.
Verstaatlichung oder, wie es heute heißt, »Vergesellschaftung« löst a priori keine Probleme, sondern türmt sie mit Sicherheit nur aufeinander. Es gehört schon eine besondere Form von Idealismus dazu, nach allen Erfahrungen mit der Effizienz staatlich kontrollierter Betriebe für noch mehr Konzentration auf unsere Bürokratie hin einzutreten.
Wer aber mehr Staat möchte, der schuldet uns zunächst den Nachweis, wie denn der Staat heute bei uns mit seinem unmittelbaren Einfluß auf bereits rund 60 Prozent des Bankgeschäfts verfährt, wie er hier seinen Einfluß geltend macht. Nach allem Überblick, den wir besitzen, fällt es den privaten Banken schwer, in ihren staatlichen Konkurrenten Vorbilder zu erblicken – dies gilt nicht zuletzt für stabilitätskonformes Verhalten in Übereinstimmung mit ungezählten Appellen der Deutschen Bundesbank.
Überdies scheint die Frage nach einem verbesserten Wirkungsgrad monetärer Stabilitätspolitik in einem verstaatlichten Bankenapparat schon im Ansatz falsch gestellt. Ganz abgesehen davon, daß Länder mit einem staatlichen Bankensystem schon wesentlich früher als wir von hohen Inflationsraten heimgesucht wurden, bleibt dem gefährlichen Mißverständnis entgegenzutreten, daß etwa die Expansion des Kreditapparates aus sich heraus permanent Nachfrage erzeugt.
In unserem Land jedenfalls sind es die steigenden Kosten, die die Unternehmen dazu drängen, ihre Rentabilität in einem optimalen Umsatz zu finden. Diesem Druck in die wachsen-

den Volumina hinein entspricht das Finanzierungsbedürfnis. Nicht die – wie man glaubt – angebotenen Zahlungsmittel und Kredite, sondern der aus den Kosten resultierende Zwang zur Größe bestimmt das Tempo. Und wir werden noch sehen, ob der Boom von der Kasse her zu regeln ist. Hinter allen Überlegungen eines verstärkten Einflusses auf die privaten Banken stehen nun aber weniger technisch-monetäre und organisatorische Probleme – schließlich werden auch diese Banken vielfacher Art permanent kontrolliert. Wir haben es vielmehr mit einem neuen Konflikt der Gefühle um Freiheit oder Kontrolle zu tun.

In diesem Konflikt stellen wir die Frage, für wen und warum Freiheit oder Kontrolle begehrt werden. Und es wäre gut, wenn wir hierbei zunehmend wieder funktionsgerecht, rationell denken würden. Unsere Zeit verlangt zuvorderst ökonomische Rationalität. Vielleicht gelingt es mit ihrer Hilfe doch, den Kampf um Symbole und gegen Windmühlenflügel zu verkürzen.

Unter diesen Vorzeichen darf ich drei Punkte ansprechen, um die sich die Kritik an den privaten Banken mit Vorliebe bemüht. Es sind dies

– die Beteiligungen an Industrieunternehmen,
– die Aufsichtsratsmandate,
– die Stimmrechtsvertretung in den Hauptversammlungen.

Abgesehen davon, daß wir in allen diesen Bereichen auch öffentlich-rechtliche Institute engagiert sehen, können wir erfreulicherweise immerhin feststellen, daß das Argument, die großen Banken seien marktbeherrschend, mehr und mehr in den Hintergrund tritt. Hier schwindet offensichtlich ein Informationsrückstand. Die Marktanteile haben sich denn auch allzu deutlich zuungunsten der privaten Banken verschoben.

Der Anteil der drei privaten Großbanken am Geschäftsvolumen aller deutschen Kreditinstitute ist seit den frühen 50er Jahren um annähernd die Hälfte zurückgegangen; er liegt im Einzelfall nicht über vier Prozent und in der Summe – die zu bilden angesichts des scharfen Wettbewerbs auch zwischen diesen drei Instituten wenig Sinn macht – bei etwa zehn Prozent.

Die Neufassung des Kartellgesetzes nimmt demgegenüber eine marktbeherrschende Stellung einzelner Unternehmen erst bei 33 Prozent und im Oligopol-Fall bei 66 Prozent an. Selbst wenn man statt des gesamten Geschäftsvolumens einzelne Marktbereiche wie das Wertpapiergeschäft herausgreifen würde, bliebe der Anteil der privaten Banken weit hinter solcher Markierung zurück.

Wer sich für Marktbeherrschung interessiert, muß sich den öffentlich-rechtlichen Banken zuwenden, die in Zukunft wahrscheinlich mehr noch als bisher als einheitlich agierender Block auftreten werden.

Was aber hat es mit den Industriebeteiligungen der Banken auf sich? Auch hier halten sich die Relationen auf einem sehr kleinen Teppich. Es gibt in der Bundesrepublik 2300 Aktiengesellschaften und 100000 Gesellschaften mit beschränkter Haftung. Betrachten wir, auf diese Größenordnung bezogen, den Paketbesitz der deutschen Banken, so macht er nur wenige Prozente des Aktienkapitals aller deutschen Aktiengesellschaften aus.

Manchen wird diese Auskunft nicht befriedigen. Ihm sei einmal mehr versichert, daß die Funktion, in die sich die Banken hier gesetzt sehen, in keinem Falle auf die Ausübung von Macht gerichtet ist. Das Entstehen dieser Pakete ist überwiegend mit wenig erfreulichen Ereignissen und nur selten mit gezielter Strategie verbunden.

Man wird den Dingen sachlich näherkommen, wenn man in den Banken in erster Linie Treuhänder sieht, auch und gerade hinsichtlich des Beteiligungsbesitzes. Die Banken wiederum können nicht oft genug an diese Treuhänderfunktion erinnert werden. Dies gilt vor allem für die hinter diesen Werten stehenden Anteilseigner der Banken. Es sind dies einige 100000 allein bei den drei privaten Großbanken.
Wie man die Dinge aber auch sehen will, die Banken müssen ihren Besitzstand permanent rechtfertigen, und zwar in mehrfacher Hinsicht: durch die Mobilität ihrer Anlagen, durch ihre immer wieder nachgewiesenen und nachzuweisenden Leistungen in der Zusammenführung von Gesellschaften, in der Plazierung von Beteiligungen und schließlich auch in den Erfolgen, die gerade ihre Beteiligung den Unternehmen einbrachte.
Daß Bankiers ihre Sachkunde und ihren verantwortlichen Rat Unternehmen der Industrie in deren Aufsichtsräten zur Verfügung stellen – auch dies stößt nicht allenthalben auf Verständnis. Belastet wird hier die Vorstellung immer noch durch Reminiszenzen an Bankiers, die Mandate wie Briefmarken zu sammeln pflegten.
Handbücher weisen für einen führenden Kopf des deutschen Bankgewerbes zu Beginn der 30er Jahre in der Tat mehr als 100 Aufsichtsratssitze nach. In der Nachkriegszeit setzte sich demgegenüber eine freiwillige Selbstbeschränkung durch, und seit Jahren gilt die gesetzliche Limitierung auf grundsätzlich zehn Aufsichtsratsmandate pro Kopf. Solche Limitierung nimmt auf Qualifikation und sicher sehr unterschiedliche Arbeitskapazitäten keine Rücksicht; aber sie hat zweifellos ihre guten Seiten.
Manche Kritiker haben aber ganz andere Vorstellungen. Bedenklich erscheinen sie vor allem dann, wenn in bestehende

Verträge eingegriffen werden soll – schließlich handelt es sich bei Aufsichtsratsmandaten um vertragliche Beziehungen einer besonders intimen Art zwischen der Gesellschaft und ihrem Aufsichtsrat. Auch hier wird es Zeit, daß wir wieder nach den Funktionen des Aufsichtsrats und nicht nach einzelnen Fehlleistungen fragen, die zu korrigieren wären.
Aufsichtsräte sind weder eine Spardose noch ein gesellschaftspolitisches Forum; sie sind ein für unsere Unternehmen unverzichtbares Organ der Kontrolle der jeweiligen Geschäftsführung. Die Ansprüche können hier nicht hoch genug gestellt werden. Die Nachfrage nach Qualität übersteigt im Zweifel das Angebot. Gesucht und honoriert wird Erfahrung. Soweit es um die elementare Frage gesunder, widerstandsfähiger Finanzierung geht: Soll man Bankiers ausschließen, weil sie sich im Umgang mit diesen Problemen auskennen? Wem sollen wir diese Funktionen überlassen?
Schließlich die Stimmrechtsvertretung. Aus der Sicht der Banken ist sie alles andere als ein Machtinstrument. Sie bringt ihnen neben wachsenden Kosten vorwiegend Ärger ein. Die Banken akzeptieren diese Belastung aber, weil die Stimmrechtsvertretung wiederum nur eine Funktion der Verwahrung und Verwaltung von Wertpapieren ist. Solange das System der Aktiengesellschaft nicht in Frage gestellt wird, müssen die Rechte auch des kleinsten Aktionärs in den Hauptversammlungen gewahrt sein.
Das Problem liegt in der großen Zahl der Aktionäre und in der großen Zahl der Vollmachten. Man könnte für diesen Prozeß neue, aufwendige Institutionen schaffen. Aber eine rationellere, gegen Mißbrauch nach allen Seiten gründlicher abgesicherte Methode als unsere gegenwärtige Regelung der Stimmrechtsvertretung ist derzeit nicht vorstellbar.
Blicken wir noch einmal rundum. Eine auf die Funktion

konzentrierte Fragestellung nach Freiheit oder Kontrolle wird uns auch für den Bereich der Banken deutlich machen, daß diese Begriffe sich nicht unbedingt ausschließen. Verbesserungen könnten wir vor allem durch intensivere Kommunikation zwischen staatlichen und privaten Einrichtungen erreichen.

Eine solche Kooperation erscheint dringlich; ihre Möglichkeiten sind noch keineswegs ausgeschöpft. Staatliche und private Initiativen sind auch im Kreditbereich aufeinander angewiesen. Auch hier lebt der Staat nicht von Verordnungen, sondern von einer aktiven, loyalen Zustimmung zu seinen Absichten.

In diesem Zusammenhang wird auch eine Besinnung auf die Vorzüge der kontinentaleuropäischen Universalbank immer wieder nur zu dem Ergebnis führen, daß eine sachbezogene Wechselwirkung vor allem in der Information von Staat und Banken den optimalen wirtschaftlichen Effekt herbeiführen wird. Und so findet auch das deutsche Bankwesen bei seinen Nachbarn zunehmend Respekt und weckt den Wunsch nach Veränderung auf unser universales System hin.

Die Stärke der privaten Banken ist das unternehmerische Element, das sie zu wesentlichen Faktoren des Auf- und Wiederaufbaus der deutschen Wirtschaft werden ließ. Je wirkungsvoller dieses Aktivum in gesamtwirtschaftlicher Verantwortung für die Bewältigung der Zukunft eingesetzt wird, desto weniger brauchen sich die privaten Banken in der Defensive zu fühlen.

DIE BANKEN ALS FINANCIERS DES FORTSCHRITTS

Man sagt den Banken gern nach, sie hätten ein enges Verhältnis zum Bestehenden, ja zum Vergangenen. Man sollte diese Einstufung, meine ich, nicht leichthin zurückweisen, schon gar nicht in unserer in der Orientierung ruhelosen Zeit. Denn erfolgreiches Arbeiten bedarf der Verwurzelung, der Erfahrung, der guten Tradition. Dabei wird nicht unbedingt hohes Lebensalter der einzelnen Bank, der Geschäftsstelle oder gar des Bankiers vorausgesetzt. Notwendig ist vielmehr Kontinuität des Denkens und des Handelns, aus der heraus allein die gangbaren Wege in die Zukunft gefunden werden können. Wir sehen ja heute allzu deutlich, wie unbeständige Geister darauf aus sind, Bestehendes zu zerstören und jede kontinuierliche Fortentwicklung zu verhindern. Auf die Frage nach ihrer Vorstellung von der Zukunft bleiben sie uns die konkrete Antwort schuldig und erklären lediglich, daß eben alles anders werden müsse. Auch die Forderung nach Verstaatlichung der Banken ist hier einzureihen; die Begründungen sind in erster Linie negativ vergangenheitsbezogen.
Es wäre bedrohlich für die Leistungskraft der Banken, wollten sie einem ziellosen Modernismus nachlaufen und kurzlebigen Zeitströmungen folgen. Das haben sie ganz einfach

---

Artikel in der Zeitschrift »Bank-Betrieb«, März 1974

nicht nötig. Die Aufgabe der Banken in Wirtschaft und Gesellschaft ist vom Kern her so eindeutig zukunftsbezogen, daß sie sich nicht erst um ein Klischee, um ein »Image« der Fortschrittlichkeit bemühen müssen. Es genügt, daß sie ihren Auftrag begreifen und ernst nehmen, und daß sie dies auch in der Öffentlichkeit begreiflich machen.

In unserem Lande besteht die Neigung, jeden Schritt als einen Fortschritt zu betrachten. Der Auftrag der Banken schließt aber auch und vor allem mit ein, die Gefahren wirtschaftlichen Rückschritts zu erkennen, sie dingfest zu machen und ihnen wo immer möglich entgegenzuwirken. Um den Blick in die Zukunft frei zu machen, sollte man den Banken erst einmal die Möglichkeit belassen, den Status quo der Wirtschaft hinreichend abzusichern. Schon hier aber türmen sich heute die Schwierigkeiten. Ich denke vor allem an die Belastungen, die aus der Konjunkturpolitik in der immer einschneidender praktizierten Form der Eingriffe in die Handlungsfähigkeit der Banken als Kreditgeber resultieren. Als nicht geringere Sorge stehen uns aber die Probleme der echten Kapitalbildung bei den privaten Sparern und in den Unternehmen vor Augen.

Die Ansicht, durch eine zeitweilige Verteuerung der Finanzierung einen regulierenden Einfluß auf das Wirtschaftswachstum und die Preisentwicklung nehmen zu können, mag in früheren, weniger kapitalintensiven Zeiten ihre Berechtigung gehabt haben. Heute kommen wir aber nicht daran vorbei, daß ständige konjunkturpolitisch motivierte Behinderungen oder Unterbrechungen von Investitionen zu nicht mehr einholbaren Schäden in der Wettbewerbsfähigkeit einer ganzen Volkswirtschaft führen können.

Dieses Problem wird nicht geringer dadurch, daß manche Großinvestitionen aus technischen Gründen einer Streckung gar nicht zugänglich sind, wenn man nicht eine Kapitalvernichtung riskieren will. Müssen solche Objekte in Phasen restriktiver Kreditpolitik gewissermaßen um jeden (Zins-)Preis »durchgezogen« werden, so bedeutet das um so stärkeren und auch zeitlich ausgedehnteren Druck auf alle übrigen Investitionsvorhaben. Es kommen also noch strukturelle Probleme hinzu, und es ist keineswegs Theorie, sondern gerade durch die Erfahrungen der Banken wie auch durch die neueren Insolvenzstatistiken erwiesen, daß die mittelständische Wirtschaft unter einer Politik der hohen Zinsen stets besonders stark zu leiden hat, auch weil hier oft die Eigenkapitalgrundlagen einen langen Atem nicht erlauben. Die mitunter in überlegener Pose geäußerte, den volkswirtschaftlichen Lehrbüchern entnommene Meinung, Restriktionspolitik würde eben das gesamtwirtschaftlich erwünschte Ausscheiden der »Grenzbetriebe« beschleunigen, letztlich also die Produktivität steigern, kann heute einer Konfrontation mit der Wirklichkeit nicht mehr standhalten.

Die jetzt eingeschlagene »Doppelstrategie«, kreditpolitisch weiterhin hart zu bremsen, einem drohenden ernsthaften Konjunktureinbruch aber durch staatliche Ausgabenprogramme oder ganz allgemein durch Milliardendefizite in den öffentlichen Haushalten entgegenzutreten, ist sicher kein guter Weg. Hier wird abermals an der Situation der kleinen und mittleren Betriebe vorbeioperiert, derjenigen Unternehmen, die sich ohnehin auch nur begrenzt des Exportventils oder des Rückgriffs auf Finanzierungsquellen im Ausland bedienen können.

Der zweite Komplex, der für Gegenwart und Zukunft nicht minder bedeutsam ist, betrifft die Bereitstellung von Kapital über die Finanzierungsmärkte und die Sicherung einer ausreichenden Selbstfinanzierung. Es ist offenkundig, daß auch für die Aufrechterhaltung eines vergleichsweise bescheidenen wirtschaftlichen Wachstums der Industrieländer in den kommenden Jahren ein wesentlich verstärkter Kapitaleinsatz notwendig sein wird. Allein die unabhängig von der Politik der arabischen Staaten bestehende Energielücke und die jetzt zu treffenden zusätzlichen Vorsorgemaßnahmen werden für die Bundesrepublik bis 1985 einen Investitionsaufwand in dreistelliger Milliardenhöhe erfordern. Hinzu kommen die Entwicklungshilfeleistungen, und zwar auch an solche Länder, die üblicherweise nicht in diese Kategorie eingeordnet werden.

Unter solchen Perspektiven wäre es angezeigt, die Kapitalbildung in den Unternehmen zu erleichtern und die private Vermögensbildung nachhaltig zu fördern. Statt dessen gehen die Tendenzen leider in eine andere Richtung. Der Druck auf die Ertragsmargen der Unternehmen nimmt besorgniserregende Ausmaße an. Die einbehaltenen Gewinne der Unternehmen sind von 17 Mrd. DM im Jahr 1971 bereits auf weniger als 12 Mrd. DM im »Hochkonjunkturjahr« 1973 zurückgegangen; sie werden Schätzungen zufolge im laufenden Jahr nur noch wenig über 6 Mrd. DM liegen, Folge des Kostenauftriebs und der schwieriger gewordenen Märkte.

Und die private Kapitalbildung aus Leistung und Ersparnis wird durch Umverteilungsprojekte sicher nicht ermuntert, vielmehr nach aller Wahrscheinlichkeit in große Gefahr gebracht. Fehlt erst einmal das Vertrauen der Sparer und Anleger in eine kontinuierliche, das Eigentum respektierende Wirtschaftspolitik, können die Schäden unübersehbar werden. Wahrscheinlich ist noch viel zuwenig darüber nachgedacht worden, daß ein Mangel an Glaubwürdigkeit in Sachen Stabilitätspolitik nicht nur die Bewältigung der Zukunft gefährdet, sondern auch bestehende Finanzierungsgebäude

rasch ins Wanken bringen kann. Auf das Sparmotiv Krisenvorsorge sollte man sich jedenfalls nicht dauerhaft verlassen.
Es wäre ein gutes Zeichen, wenn sich die Gewerkschaften bei ihren Vorstellungen über Lohnpolitik, die allem Anschein nach zur Schlüsselgröße für Kredit- und Finanzpolitik geworden ist, auch mit den Auswirkungen auf Sparaufkommen und Sparbereitschaft befassen würden. Schließlich ist es der Wille zur Kapitalbildung, der die Basis für das Wachstum der Wirtschaft und damit auch der Lohneinkommen sichern muß.
Es gehört zur Aufgabe der Banken, die ja aus der Natur ihres Geschäfts heraus der Zukunft in besonderem Maße verpflichtet sind, auf die Schaffung besserer Voraussetzungen für die Finanzierung des Fortschritts hinzuwirken, als sie heute vorgefunden werden können. Aber keine Erschwernis dieser oder jener Art entbindet sie vom eigenen Bemühen, innerhalb des jeweils gegebenen Rahmens optimale Lösungen anzustreben, das begrenzte Reservoir so gut wie eben möglich auszuschöpfen, aus einem unzureichenden Kapitalangebot ständig wachsende Kapitalerfordernisse abzudekken.
Sehen wir es einmal unter der Perspektive der Kreditfristen: Hier sind zwei bemerkenswerte gegenläufige, sozusagen umweltbedingte Bewegungen festzustellen. Die Laufzeiten der Bankkredite erstrecken sich heute im Durchschnitt über wesentlich längere Zeiträume als früher, und auf der anderen Seite ist die Bereitschaft der Kapitalanleger zu langfristiger Bindung eindeutig zurückgegangen.
Jeder Bankier kennt diese Tendenz aus seinem eigenen Erfahrungsbereich sehr detailliert. Aber auch die veröffentlichte Statistik gibt hinreichend interessanten Aufschluß. So haben sich beispielsweise in der Gruppe Kreditbanken die

kurzfristigen Kredite innerhalb der letzten zehn Jahre um 160% erhöht, die mittelfristigen aber um 240% und die langfristigen gar um 360%. Die Wechseldiskontkredite schließlich, in den kurzfristigen Ausleihungen bereits enthalten, als typische Vertreter des klassischen kurzfristigen Geschäfts aber gesonderter Erwähnung wert, sind im gleichen Zeitraum per saldo fast unverändert geblieben (+ 8%).

Die Hinwendung zu längerfristigen Kreditvereinbarungen geht in erster Linie von den Kreditnehmern aus und hat offensichtlich mehrere Ursachen. Einmal ist es, um am fernen Ende zu beginnen, die Tatsache, daß die langfristige Fremdfinanzierung über Anleihen zunächst an Langfristigkeit und dann auch noch an Volumen erheblich eingebüßt hat. Während in den 20er Jahren Anleihelaufzeiten von mehr als 30 Jahren üblich waren und 1930 sogar eine Siemensanleihe mit Endfälligkeit im Jahre 2030 aufgelegt wurde, gab es in den 50er Jahren immerhin noch Industrieemissionen mit bis zu 20jährigen Laufzeiten. 1972 paßten dann Obligationen mit Laufzeiten von 15 Jahren schon kaum noch in die Landschaft des deutschen Rentenmarktes, denn Emissionen der öffentlichen Hand beispielsweise begnügten sich bereits mit etwa achtjähriger Lebensdauer. 1973 schließlich wurde keine einzige deutsche Industrieanleihe aufgelegt – eine Ausnahmesituation, wie ich hoffen möchte, aber doch kennzeichnend für wenig begrüßenswerte Entwicklungen in der Finanzierungspraxis.

Die Sprödigkeit des Marktes hinsichtlich der Aufnahme sehr langfristiger Titel drängt auch die großen Unternehmen in andere Fremdfinanzierungsformen. Den Ausweg bietet, neben dem Schuldscheindarlehen, in erster Linie der Bankkredit – unter der Voraussetzung natürlich, daß Fristen bis zu 8 oder auch 10 Jahren angeboten werden können. Die Banken haben also eine Lücke zu schließen, die sich von der Kapitalmarktseite her aufgetan hat. Dabei erweist sich der Typus der Universalbank wieder einmal als besonders flexibel und anpassungsfähig. Dominierte früher in den Bankbilanzen der reine Umsatzkredit, so sind die deutschen Geschäftsbanken mittlerweile zugleich Investitionsfinanzierungsbanken geworden.

Da sich im übrigen die Bundesbank immer mehr dem Anschein aussetzt, weniger eine Bank als eine zentrale Behörde für den Geldumlauf zu sein und entsprechend der Wechselkredit unter der drastischen Einschränkung der Refinanzierungsmöglichkeit zu leiden hat, bewegt sich auch das kurze Ende des Kreditspektrums auf die mittelfristigen Fazilitäten zu. Der wünschenswerten Vielfalt der Finanzierungswege und letztlich auch der Notenbankpolitik selbst ist damit wahrscheinlich kein guter Dienst erwiesen.

Die veränderte und sich weiter verändernde Kreditstruktur der Banken bringt eine Fülle von Problemen mit sich. Zuvorderst geht es natürlich um die adäquate Refinanzierung. Volle, realisierbare Laufzeitenkongruenz auf der Aktiv- und der Passivseite des Bankgeschäfts hat es als Forderung immer, in der Wirklichkeit aber nur unter starker Abweichung vom Idealbild gegeben. Heute werden die verlängerten Kreditfristen überwiegend mit dem Hinweis auf den hohen Spareinlagenbestand gerechtfertigt. In der Tat kann auf diesem Fundament nach aller bisherigen Erfahrung solide aufgebaut werden. Aber die Stetigkeit des Zuwachses auf den Sparkonten ist doch auch bereits durch einige Schwankungen unterbrochen worden, die nicht unbeachtet bleiben sollten.

Da unsere wirtschaftliche Zukunft entscheidend von angemessenen Finanzierungsmöglichkeiten abhängt, bleibt den Banken ohnehin, das heißt auch bei ungebrochen anhaltender Sparkapitalbildung in den gewohnten Bahnen, noch genügend an »Fristentransformation« aufgebürdet. Bisher tragen sie einen erheblichen, vielleicht einen zu großen Teil des damit verbundenen Risikos auf eigenen Schultern, zusammen mit vielen anderen Risiken, zu denen neben der Notenbankpolitik auch die Unberechenbarkeit der Fiskalpolitik im weitesten Sinne gehört. Es dürfte in absehbarer Zeit unausweichlich werden, daß die Kreditinstitute in größerem Umfang als bisher mittel- bis längerfristige Wertpapiere ausgeben. Ein vereinfachter und gleiche Wettbewerbsbedingungen für private und öffentliche Banken sicherstellender rechtlicher Rahmen hierfür sollte raschestmöglich geschaffen werden.

Damit ist bereits der Problemkreis der festen oder variablen Zinssätze angesprochen. Der Zins, schon immer eine vielschichtig gedeutete Größe, hat heute neben seiner Aufgabe in der Konjunktursteuerung nach vorherrschenden Wünschen auch noch die Ausgleichsfunktion gegenüber der Geldentwertung zu übernehmen. Er ist somit, wenn man diese Auffassung akzeptiert, zu einer sehr vielseitig beeinflußten Variablen geworden, was die Dispositionen der Banken nicht eben leichter macht. So wichtig für manches Vorhaben in der Wirtschaft eine eindeutige Kalkulationsgrundlage der Finanzierungsrechnung auch sein mag: Bei längeren Kreditlaufzeiten ist die Vereinbarung fester Zinssätze aus der Sicht der Banken nicht mehr vertretbar. Aber auch die Zinsbindung an bestimmte Schlüsselgrößen wird immer riskanter. Die Mängel etwa der festen Koppelung an den Diskontsatz sind zur vollen Evidenz gelangt. Die Konditionenvereinbarung »bis auf weiteres« muß als unzulängliche Behelfslösung angesehen werden, da sie schon vom Arbeitsaufwand her bei einem großen Kreditvolumen auf Dauer kaum bewältigt werden kann. Sozusagen auf dem Prüfstand ist die Bindung der Kreditzinsen an bestimmte Refinanzierungssätze. Da aber die Einlagenstrukturen der Banken beträchtlichen Schwankungen unterliegen, können die meist an ein gegebenes Refinanzierungsschema anknüpfenden Zinsbindungen auch nicht voll befriedigen.

Und schließlich ist zu bedenken, daß die Zinseinnahmen aus dem Kreditgeschäft auch die Personal- und Sachkosten der Banken mitzudecken haben. Geht man davon aus, daß die personellen Anforderungen im Kreditgeschäft zusammen mit dem Gehaltsniveau tendenziell eindeutig ansteigen und einer technischen Rationalisierung kaum zugänglich sind, dann wird eine Zinsspanne, die man heute noch als auskömmlich bezeichnen mag, in wenigen Jahren dieses Prädikat kaum noch beanspruchen können. Hohe Zinsen sollten im übrigen auch der Eigenkapitalrendite der Banken zugute kommen. Davon ist aber zum Leidwesen der Bankaktionäre wenig zu sehen.

Finanzierung des Fortschritts bedeutet für die Banken im übrigen mehr als das Ausleihen und die Vermittlung von Geld, ganz abgesehen davon, daß auch hierbei neue Anforderungen an die Kreditprüfung und Kreditkontrolle gestellt werden müssen, im Interesse der Banken und ihrer Einleger ebenso wie im Interesse der Kreditnehmer. Die innere Organisationsstruktur der Banken muß dem Rechnung tragen, wahrscheinlich auch durch eine verstärkte personelle Spezialisierung auf bestimmte Sektoren, wie etwa den Energiebereich. Die Objektfinanzierung tritt immer stärker in den Vordergrund.

Vor allem aber: Je verzweigter die Aktivitäten des einzelnen Unternehmens werden, je mehr rechtliche Bestimmungen und ökonomische Fakten im In- und Ausland zu beachten

sind, desto weniger wird ein Unternehmen beim Betreten von Neuland an eigene Erfahrungen anknüpfen können. Hier haben die Banken neue Beratungsfunktionen zu übernehmen. Keineswegs braucht dabei nur auf das zurückgegriffen zu werden, was bei den Banken aus den weitverzweigten Geschäftsverbindungen fast von selbst ins Haus kommt. Dieser gewissermaßen passive, wenngleich schon für sich ungemein nützliche Erfahrungsschatz wird vielmehr künftig verstärkt und aktiv durch eigene Marktstudien, Rechtsvergleiche und anderes mehr angereichert werden müssen. Dabei ist zwangsläufig auch auf außenstehende Institutionen, auf spezialisierte Zulieferer, zurückzugreifen. Die Banken werden zunehmend die Rolle einer Clearingstelle und Drehscheibe eines auf die praktischen Bedürfnisse der Wirtschaft abgestellten Beratungs- und Informationsflusses zu übernehmen haben.
Die Vielfalt der heute offenstehenden Finanzierungswege einerseits und die immer differenzierter werdenden Finanzierungsbedürfnisse der Unternehmen andererseits verlangen oft komplizierte Finanzierungsgebäude, die nur dann allen Belastungen standhalten, wenn sie stabil und fachgerecht konstruiert sind. Dabei ist auch an Beteiligungsverhältnisse, an Direktinvestitionen im Ausland oder finanziell untermauerte Kooperation zu denken, ferner an die bei flexiblen Wechselkursen höchst bedeutsamen Devisentermingeschäfte oder andere Sicherungskonstruktionen. Das hier nur anzudeutende zukunftsträchtige Feld nützlichen Zusammenwirkens über den engeren Bereich des klassischen Bankgeschäfts hinaus wäre vielleicht nicht unzutreffend mit dem Begriff »Consulting financial engineers« zu umschreiben, einer Bezeichnung, die eines Tages auf den Firmenschildern der Banken auftauchen könnte.

Ein wesentlicher Teil der Zukunft und auch ihrer Finanzierung wird sich auf der internationalen Ebene abspielen. Hierfür ist die bereits geschaffene und noch auszubauende Präsenz der Banken an den wichtigsten Zentren des kommerziellen und finanziellen Geschehens in aller Welt unerläßlich. Das eigene Geschäft wird dabei zunehmend durch internationale Spezialbanken zu ergänzen sein, die durch eine breite Beteiligungsbasis weitreichende Kontakte und umfassendes Know-how mobilisieren können. Vielversprechend sind auch einige Modelle des internationalen Kreditverbunds angelaufen, bei denen Kreditbearbeitung am Sitz der Muttergesellschaft und Kreditbereitstellung beim Tochterunternehmen im Ausland möglich sind.
Als eine bisher noch wenig befahrene Nebenstrecke soll hier auch die Tätigkeit derjenigen Institute nicht unerwähnt bleiben, die sich konzentriert mit der sogenannten »Wagnisfinanzierung« befassen, mit der protegierenden finanziellen Unterstützung von Neuentwicklungen auf den verschiedensten Gebieten außerhalb der Großunternehmen. Es hat sich gezeigt, daß nicht selten in kleinen und mittleren Firmen interessante, aussichtsreiche Erfindungen zur industriellen Verwertungsreife gebracht werden können, wenn die nötigen Finanzierungsmittel zu beschaffen sind. Zwar spräche auch einiges dafür, solche speziellen Kreditrisiken unmittelbar im breitgestreuten Kreditvolumen großer Banken unterzubringen. Andererseits ist zur kritischen Sondierung solcher Neuentwicklungen auch ein hohes Maß an technisch-wissenschaftlichem Sachverstand erforderlich. Um das Risiko in Grenzen zu halten, muß außerdem ein Überblick über möglicherweise in anderen Ländern parallel laufende Vorhaben sichergestellt oder wenigstens angestrebt werden. Aus diesen Gründen empfiehlt es sich wohl, derartige Finan-

zierungen zwar mit der Rückendeckung und dem Akquisitionspotential großer Banken anzugehen, in der Durchführung aber doch ganz darauf ausgerichteten und personell entsprechend ausgestatteten Instituten zu überlassen.
Für viele Großvorhaben, zu denen die technologische Entwicklung drängt, werden nicht nur neue Formen der konsortialen Zusammenarbeit der Banken – in- und ausländischer, privater und öffentlich-rechtlicher –, sondern auch die unmittelbare Mitwirkung der Regierungen erforderlich sein. Diejenigen aber, die eine Verstaatlichung der Banken fordern, sollten sich zunächst einmal en gros und en detail mit den Rahmenbedingungen vertraut machen, die uns für die Bewältigung der Zukunft gesetzt sind. Ich meine: Ohne die für die privaten Banken typische unternehmerische Initiative würden uns entscheidende Voraussetzungen für den wirtschaftlichen Fortschritt und seine Finanzierung genommen.

KEINE ANGST VOR AUSLANDSKAPITAL

Die Erfahrung ist nicht neu, sie gilt für viele Länder: Die Bewegungen eines nationalen Gefühls, die Vorstellungen eines Landes von seiner Selbstbestimmung, Unabhängigkeit, Sicherheit, der Anspruch auf ein eigenes Gesicht – sie lassen sich nicht immer zur Deckung bringen mit der Wirklichkeit, mit den ungeliebten und unbequemen Tatsachen, die letzten Endes die Gewichte für Politik und Wirtschaft setzen. Eine uns Deutsche wesentlich bestimmende Tatsache ist unsere politische und wirtschaftliche Abhängigkeit von Kräften und Geschehnissen außerhalb unserer Grenzen, eine Abhängigkeit, die sich im Verlauf unserer Geschichte ständig erhöht und schließlich den Anstoß zur Politik einer konsequenten Integration unserer Kräfte mit den Kräften unserer Nachbarn, zur Öffnung unserer Grenzen gegeben hat.
Was wir heute politisch als selbstverständlich empfinden und unverändert bejahen, scheint indessen im ökonomischen Bereich immer wieder auf Verständnisschwierigkeiten zu stoßen, obwohl gerade hier die entscheidende Absicherung unserer Interessen erfolgen muß, die von der *Europäischen Gemeinschaft* offenbar noch nicht hinreichend abgedeckt werden, so daß das eigene nationale Interesse unseres Landes

---

Artikel in »Deutsche Zeitung – Christ und Welt« vom 14. Februar 1975

unverändert Ansprüche stellt. Mag es schon vom Begriff her schwer sein für unseren Staat – der sich bis vor kurzem mit guten Gründen als ein Provisorium begriffen hat –, sein nationales Interesse zu definieren, so sollten wir uns doch dahin verständigen, daß wir unter den einmal gegebenen Abhängigkeiten ein Höchstmaß an Arbeits-, Leistungs- und an Lebensmöglichkeiten für uns sicherzustellen haben.

Die Bedingungen, unter denen die Deutschen sich mit ihrem Schicksal auseinandersetzen müssen, waren stets vergleichbar. Wir waren schon immer darauf angewiesen, schwer zu gewinnende und bei uns nur begrenzt verfügbare Rohstoffe in hochwertige Produkte umzuwandeln. Dabei sind Rohstoffe knapper, teurer und in ihrer Verfügbarkeit immer mehr unserem Einfluß entzogen worden. Die Grundlage unserer Ansprüche auf Versorgung mit Energie und Rohstoffen, die wir fast ausschließlich importieren, hat sich völlig verändert. Sie wird sich aller Voraussicht nach nur durch ein kooperatives System von Erzeugern und Verbrauchern einigermaßen sichern lassen, nicht aber durch einen Weg zurück in die Autarkie, wie sie für das einstige Deutsche Reich noch vorstellbar war.

Nur wer die besondere, für unser Land kennzeichnende Abhängigkeit von den Weltmärkten in allen Bereichen unserer wirtschaftlichen Existenz erkennt, wird die Interessen unseres Landes dort wahrnehmen und sichern, wo sie allein gesichert werden können: an den Weltmärkten, in der freien Wechselbeziehung von Menschen, Waren und Kapital. Das Erfordernis eines liberalen Verkehrs zwischen den Märkten folgt für uns weniger aus der Philosophie eines ökonomischen Idealbildes heraus, als vielmehr aus unseren besonderen Zwängen. Mit jedem Markt, der sich schließt, mit jeder Verbindung, die uns verlorengeht und der wir uns versagen, verlieren wir ein Stück Handlungsfreiheit. Viele können ohne uns leben: Wir können für uns allein nicht existieren.

Für unsere Selbstbehauptung haben wir uns zumindest auf drei voneinander abhängige Schwerpunkte zu konzentrieren:

- die Aufrechterhaltung unserer Teilhabe am Welthandel;
- die Erweiterung und Absicherung unserer Investitionen im Ausland;
- die Aufnahmebereitschaft in unserem Lande für ausländisches Kapital.

Die Bundesrepublik Deutschland hat sich in drei Nachkriegsjahrzehnten unter allen Ländern vergleichbarer Struktur und Größe zu demjenigen mit der intensivsten außenwirtschaftlichen Verflechtung entwickelt. Etwa ein Drittel unserer Industrieproduktion ist – direkt oder indirekt – vom Export abhängig, annähernd ein Viertel unseres Bruttosozialprodukts wird exportiert. Für unsere wirtschaftliche Leistungsfähigkeit so entscheidende Branchen wie Maschinenbau, Chemie, Feinmechanik, Automobilbau, eisenschaffende Industrie und Schiffbau sind mit jeweils etwa 50% und mehr ihres Umsatzes auf den Export angewiesen. Die Frage nach der Sicherheit unserer Arbeitsplätze und den Kosten unserer Arbeit wird seit langem nicht nur in diesem Lande entschieden.

Nur über die Exportmärkte war es uns möglich, Produktionsverfahren und -serien anzuwenden, die allein eine rationelle Fertigung erlauben, aus der auch der Inlandsmarkt kosten- und preisgünstig beliefert werden kann. Nur durch unsere Position im Export haben wir bisher gravierende Störungen in unserem Wirtschaftsablauf überbrücken können. Wir werden den Export als ein starkes Stabilisierungselement nur dann aufrechterhalten, wenn wir uns künftig gegenüber den Exportindustrien anderer Länder behaupten können. Der internationale Wettbewerb ist aber nicht nur ein Wettbewerb mit Qualität, Preisen und Fristen, er ist auch ein Wettbewerb von weitsichtigen Entscheidungen und politischem Augenmaß. Die Märkte von morgen werden uns nicht geschenkt: Sie wollen mit einer auf Gegenseitigkeit abgestellten Balance gewonnen und gesichert werden.

Die Bewegungen unseres Außenhandels sind keineswegs stabil. War in den weiter zurückliegenden Jahren das Wachstum des deutschen Exports vornehmlich durch den Handel mit den Industrieländern – unter ihnen besonders mit den Partnerländern in der Europäischen Gemeinschaft – getragen, so zeichnet sich jetzt eine zunehmend deutlicher werdende Gewichtsverlagerung ab: In den Zuwachsprozenten sind die ölproduzierenden Staaten, die sonstigen Entwicklungsländer und die östlichen Staatshandelsländer stark in den Vordergrund getreten. Während beispielsweise der deutsche Export in manchem uns traditionell verbundenen Raum annähernd stagniert, stiegen die Ausfuhren in die OPEC-Länder 1974 um rund 70%, in die Vierte Welt um 42%, in den Ostblock um 46%. Insgesamt vereinigen diese in sich durchaus verschiedenen Ländergruppen heute bereits etwa ein Viertel aller deutschen Ausfuhren auf sich. Bei einer wirklichkeitsbezogenen Einschätzung der Lage müssen wir davon ausgehen, daß der deutsche Export künftig entscheidend auf Erfolge in diesen Ländern angewiesen sein wird, wenn er die jetzt ungewöhnlich gestiegenen Risiken – auch Zahlungsrisiken – auf den übrigen Märkten einigermaßen ausgleichen will.

Für die Stabilisierung unserer außenwirtschaftlichen Position geht es aber nicht nur um die Aufrechterhaltung von Exportquoten. Wir sind gezwungen, für bestimmte Teile

unserer Produktion den Weg zum Rohstoff, zur billigeren Energie und zu den Absatzmärkten einzuschlagen. Die deutsche Investitionsleistung im Ausland liegt im internationalen Vergleich unverändert weit zurück, sie entspricht etwa 3,5% unseres Sozialprodukts. Selbst für unsere kleinen Nachbarländer wie Belgien und die Niederlande belaufen sich diese Quoten auf 10%, für Großbritannien auf 17%. Englische Unternehmen im Ausland produzieren 210% dessen, was Großbritannien exportiert. Für Frankreich und Schweden beträgt dieser Satz 95%, für die Vereinigten Staaten etwa 400%. Niemand wird die Vorstellung hegen, wir müßten solche Quoten einholen. Aber die bestehenden Ungleichgewichte liegen auf der Hand, und unser Risiko – vor allem in der Absicherung der Rohstoffe – wird evident.
Unsere Fähigkeit, die Investitionen im Ausland abzusichern und zu erweitern, wird in Zukunft aber auch davon abhängen, daß wir nicht nur das notwendige Kapital aufbringen, sondern im Ausland auch ein Klima vorfinden, das uns Investitionen erlaubt, wenn möglich begünstigt. Gerade in dieser Beziehung könnte unsere international arbeitende Wirtschaft Schaden nehmen, wenn wir den Kapitalverkehr über die Grenzen zu uns hinein prinzipiell anders ordnen wollten, als wir dies bisher getan haben. Es spricht alles dafür, daß wir durch eine nachhaltige Einengung ausländischer Investitionstätigkeit in Deutschland uns selbst mehr Schaden im In- und Ausland zufügen könnten, als uns an Nutzen zuwüchse aus der Abwehr einer hier und dort vorgestellten Überfremdung.
Unter den vielen positiven Erfahrungen, die unser Land mit ausländischen Investitionen gemacht hat, zählt nicht nur die Einbringung von Kapital, von technischem Know-how und die Erschließung von Absatzmärkten in aller Welt. Entschei-

dend kommt hinzu die Tatsache, daß eine Vielzahl von Gesellschaften, die ganz oder überwiegend ausländischen Anteilseignern gehören, so vollkommen integriert sind, daß sich weder für den Mitarbeiter noch für den Markt die Frage stellt, welche Nationalität denn hinter diesem oder jenem deutschen Unternehmen stehe. Hier erweist sich die Richtigkeit der alten Regel, daß Sicherheit und auch Rentabilität einer internationalen Kapitalanlage entscheidend davon abhängen, daß sie sich mit den Interessen des Gastlandes identifizieren kann, daß jede Auslandsinvestition als Geschäft auf Gegenseitigkeit verstanden sein muß.
Die Zahl der Gesellschaften, in denen heute ausländisches Kapital in der Bundesrepublik investiert ist, wird von der Deutschen Bundesbank mit nahezu 11000 angegeben. In etwa 9000 Fällen handelt es sich dabei um Mehrheits- oder Alleinbesitz. Millionen von Arbeitnehmern sind in diesen Gesellschaften beschäftigt. Am Umsatz von Industrie und Handel sind diese Unternehmen mit rund 17% beteiligt. Von den etwa 43 Milliarden Mark ausländischer Direktinvestitionen bei uns entfallen etwas 42% auf die USA, 13% auf die Schweiz, 12% auf die Niederlande, 11% auf Großbritannien, 6% auf Frankreich. Der Rest verteilt sich auf eine Vielzahl von Ländern. Darüber hinaus haben herausragende deutsche Aktiengesellschaften eine große Zahl ausländischer Aktionäre für sich interessieren können: Bei einigen der Unternehmen kann der Anteil im ausländischen Streubesitz zwischen 20% und 30% angenommen werden.
Werden diese Gleichgewichte, werden unsere Erfahrungen in Frage gestellt durch mögliche Investitionswünsche aus den erdölproduzierenden Ländern? Haben wir Anzeichen dafür, daß das in wenigen Händen verfügbare Kapital sich über alle Spielregeln hinwegsetzen will, daß es die Wechselwirkung

von freiem Waren- und Kapitalverkehr, von der Sicherheit des Investments in den Grenzen des Erwünschten, von der Gegenseitigkeit als der eigentlichen Vernunft weltwirtschaftlicher Beziehungen nichts wissen will? Gibt es einen Beleg dafür, daß man in den Ländern, die in eigener Sache so sensibel sind, etwa keinen Sinn dafür haben sollte, daß jeder Mechanismus einer Partnerschaft die Selbstbestimmung, die Selbstverwirklichung des einzelnen Partners voraussetzt? Sollten diese Dinge so einfach liegen, daß man nur in einer bestimmten Himmelsrichtung nicht sollte unterscheiden können zwischen erwünscht und unerwünscht? Die Naivität so mancher Perspektive drängt sich auf.

Und überdies: Die Überschüsse an Kapital in diesen Ländern – sie müssen nicht von Dauer sein, und sie müssen nicht bei uns angelegt werden. Ob wir ganz auf sie verzichten können, ist eine andere Frage. Worauf es uns primär ankommen sollte, ist Klarheit darüber, welche Wege ausländisches Kapital in unserem Lande einschlägt.

Es kann unseren Interessen nicht dienen, wenn wir Vergleichbares willkürlich unterscheiden wollten, wenn wir Verbindungen dort abreißen, wo wir Brücken bauen sollten. Wir verlieren weder unser Gesicht noch unsere Selbstachtung, noch unsere Selbstsicherheit, wenn wir die Zusammenarbeit mit allen suchen, die auch unseren Status gelten lassen.

INTERNATIONALE ASPEKTE DER KREDITWIRTSCHAFT

Ich komme aus einem Land, in dem die Universalbank zu Hause ist. Und so werden Sie von mir kaum die Mitteilung erwarten, daß man in der Bundesrepublik Deutschland demnächst zu einem System spezialisierter Banken überzugehen beabsichtige.

Ich bin aber andererseits auch nicht als Wanderprediger hier, der Sie alle zu unserer Art, Bankgeschäfte im inneren Verbund zu betreiben, bekehren möchte. Aber so viel kann und darf ich wohl sagen: Unser System hat sich als außerordentlich belastungsfähig erwiesen, auch als wirtschaftlich erfolgreich, und damit als attraktiv für die große Zahl von Aktionären, die sich für eine Kapitalanlage in privatwirtschaftlich organisierten Banken entschieden haben – ein hoher Prozentsatz unserer Mitarbeiter zählt übrigens mittlerweile zu unseren Aktionären. Diese Aspekte sollten wir nicht ganz aus dem Auge lassen, wenn wir über die Zukunft der Banken nachdenken.

Im Sturm und Drang der ersten Jahre der europäischen Einigungsbemühungen war fast allgemein – und später dann auch immer wieder einmal – die Meinung vertreten worden, ebenso wie etwa das Steuersystem müsse das Bankensystem

---

Deutsche Fassung eines Vortrags auf dem Symposium »Banking in the world of tomorrow« in Luxemburg am 28. November 1975

in einem Gemeinsamen Markt radikal vereinheitlicht werden. Man ist inzwischen von manchem Überschwang abgekommen, so auch von diesem. Man weiß, daß die Anpassung der Bankenstrukturen an dieses oder jenes oder ein in der Mitte liegendes Modell nicht zu den »essentials« europäischer Einigung gehört.

Gleichwohl, man hat sich in den letzten Jahrzehnten im internationalen Bankwesen durch gute und enge Zusammenarbeit, auch durch Veranstaltungen wie diese, gegenseitig recht gut kennengelernt, weit besser noch und auf breiterer Basis als in der Vorkriegszeit. Man weiß um die Stärken und Schwächen der verschiedenen Konzeptionen, und es ist auch einiges in Bewegung geraten. Aus deutscher Sicht glauben wir beobachten zu können, daß in einigen Ländern die Trennung der Banktypen nicht mehr ganz so messerscharf ist wie früher. Und den hier in Luxemburg tätigen Banken ist in ihrer Arbeitsweise kaum noch anzumerken, welchen Typs ihre Mütter sind.

Wenn wir in Deutschland über viele wechselvolle Jahrzehnte hinweg dem Universalbanksystem treu geblieben sind, dann sicher nicht aus reiner Anhänglichkeit oder aus Traditionsverbundenheit. Vergessen wir nicht, daß unsere Wirtschaft im Lauf der Jahrzehnte außerordentlichen Anspannungen wie in kaum einem anderen Land ausgesetzt war, daß die Banken nicht nur den Beginn der Industrialisierung zu finanzieren, sondern immer wieder auch ungewöhnliche Sanierungsaufgaben und den Wiederaufbau fast aus dem Nichts heraus zu bewältigen hatten. Deutschland war von Anfang an ein kapitalarmes und in besonderer Weise auf die Banken angewiesenes Land. Insofern sind wir – historisch gesehen jedenfalls – eher Japan als etwa dem Vereinigten Königreich vergleichbar.

Eine Diskussion darüber, wie man den Umgang mit Geld und Kapital am zweckmäßigsten organisiert, hat es auch bei uns – wenngleich in unterschiedlicher Stärke – immer gegeben, teilweise mit politischem Hintergrund, aber auch ganz sachbezogen innerhalb der Banken. Diese Diskussion halten wir für nützlich, bewahrt sie uns doch davor, unreflektiert in eingefahrenen Gleisen dahinzurollen. Bisher allerdings hat uns die Beschäftigung mit den Dingen immer wieder zu der Überzeugung gebracht, daß wir unter den derzeitigen Umweltbedingungen nicht ohne Schaden auf ein anderes System umsteigen könnten.

Stellt man die Frage, wie eine Bankenordnung beschaffen sein muß, um den künftigen Anforderungen national wie international gerecht werden zu können, so wird man vor allem die folgenden Kriterien festzuhalten und zu prüfen haben:

1. Hauptaufgabe der Banken ist und bleibt es, die Wirtschaft optimal mit den erforderlichen – und das heißt: sehr unterschiedlichen – Finanzierungsmitteln zu versorgen.
2. Gesichert werden muß ferner der Zugang sowohl der breiten Öffentlichkeit zu Kreditmöglichkeiten, die den Bereich der persönlichen Zukunft abdecken, als auch die Finanzierung des sich heute in ganz außerordentlichen Dimensionen darbietenden Kreditbedarfs unserer öffentlichen Haushalte.
3. Voraussetzung für die Lösung der Finanzierungsaufgaben, aber auch eigenständiges Erfordernis zur Sicherung einer freiheitlichen Wirtschafts- und Gesellschaftsordnung, ist eine breit fundierte private Vermögensbildung. Hier haben die Banken gleichfalls Entscheidendes beizutragen und sich zu bewähren.

Es versteht sich wohl von selbst, daß ich damit keinen erschöpfenden Katalog all dessen vorgelegt habe, was von den Banken erwartet werden kann und erwartet werden muß. Es kommt mir hier nur darauf an, an Hand einiger wesentlicher Punkte in die Überlegung einzusteigen, wie ein Bankensystem in etwa aussehen sollte, das aktiv und gestaltend an der Sicherung unserer wirtschaftlichen Zukunft mitzuwirken vermag.

Wir drängen uns nicht in eine Schlüsselrolle, und wir glauben nicht, daß die Banken das Maß aller Dinge sind. Wir verstehen uns durchaus so, wie uns auch die Statistik bei der Ergründung unseres Beitrags zum Sozialprodukt sieht: als Dienstleistungsunternehmen – auch wenn wir damit in die gleiche Kategorie wie etwa Autoreparaturwerkstätten und Wäschereien geraten sind, von manch anderen Gewerbearten erst gar nicht zu sprechen. Mit den meisten anderen Wirtschaftsbereichen haben wir aber im übrigen dies gemein: Auch unser Markt ist einem ständigen dynamischen Wandel ausgesetzt. Er spielt sich nicht in einem Naturschutzpark ab, sondern im rauhen Klima des Wettbewerbs, über traditionelle Grenzen hinweg. Mit anderen Worten: Der Kreditmarkt bietet Außenseitern gleichfalls eine Chance; ihrer müssen wir stets gewärtig sein, und ihnen müssen wir mit Kreativität und Initiative möglichst zuvorkommen.

Ohne ins Detail gehen zu wollen, möchte ich nur an die folgenden Komplexe erinnern:

- Das Factoring, das letzlich dem Dokumentengeschäft der Banken verwandt ist, und das bei ihnen wohl auch am besten aufgehoben ist.
- Das Leasinggeschäft, das dem Schuldner die Möglichkeit eröffnet, den Nutzen einer Investition sogleich wahrzunehmen, die Lasten des Eigentums aber auf später zu ver-

tagen. Hier sehe ich große Chancen für umfangreiche Projektfinanzierungen durch die Banken.

- Ein Höchstmaß an Attraktivität der Bankdienstleistungen müssen wir auch gegenüber den Tendenzen zu verstärktem Industrie-Clearing ausstrahlen. Was innerhalb großer multinationaler Konzerne noch als »rationelle Kassenhaltung« bezeichnet werden kann, wird zum Problem, wenn es die Grenzen rechtlicher Unternehmenseinheiten überschreitet.
- Nicht nur positive Erfahrungen hat man im übrigen mit Kreditvermittlungen durch Makler und Agenturen gemacht, die sich der Regulierung und Beaufsichtigung durch Notenbanken und andere staatliche Stellen weitgehend entziehen können.

Mit der Realität von Zwischenmärkten jeder Art haben wir zu leben, und wir müssen ihnen mehr als nur Finanzvisionen entgegensetzen: Finanzierungsgebäude, die nicht unbedingt in konventioneller Bauweise, aber nach wohldurchdachten Plänen auf solidem Grund errichtet werden. Unseren Geschäftspartnern sollte daran gelegen sein, den vielen wirtschaftlichen Risiken eines Unternehmens nicht auch noch das Risiko unzulänglicher Finanzierung hinzuzufügen.
Lassen Sie mich, bevor ich zu den drei Punkten zurückkehre, noch eine weitere Zwischenbemerkung einfügen: Unabhängig von der Frage Universal- oder Spezialbank oder anderen technischen Details brauchen wir künftig ein sehr viel besseres, ein sehr viel effizienteres Zusammenwirken von Notenbanken und Geschäftsbanken. Manchmal will es scheinen, daß sich die Notenbanken zwar zunehmend aus ihrer früheren nationalen Isolation gelöst haben und da und dort schon den Vorgriff auf gemeinsame Währungspolitik üben, daß

aber andererseits der Kontakt mit den Realitäten der Wirtschaft nicht intensiver geworden ist, um es einmal vorsichtig auszudrücken.
Sicher, die institutionellen Vorkehrungen in den einzelnen Ländern sind sehr unterschiedlich, und ich will mir nicht anmaßen, ein pauschales Urteil von weltweiter Gültigkeit zu fällen. Ich glaube aber gleichwohl, daß der Einfluß unerprobter theoretischer Modelle auf die Gestaltung der Notenbankpolitik in den letzten zwanzig Jahren ungleich größer war als derjenige praktischer Einsichten in Kostenstrukturen und Lohnverhandlungen, in gewerkschaftliche Strategien und unternehmerische Entscheidungsprozesse. Inzwischen sollten wir es alle wissen: All dies richtet sich ja weit weniger nach einer Geldmenge XY oder nach einem Zinssatz Z, als es in den Lehrbüchern unserer hochverdienten Professoren steht. Angesichts der zunehmenden Über- und Fehleinschätzung der Geldpolitik konnte es fast nicht ausbleiben, daß beim Nichteintreffen der erhofften Ergebnisse – gleichfalls als Überreaktion – von einem »Versagen« der Geldpolitik – gegenüber der Rezession ebenso wie gegenüber der Inflation – gesprochen wird. Mit anderen Worten: Wenn man von den Notenbanken alles Heil erwartet, dann müssen sie zwangsläufig enttäuschen. Bessere Kooperation mit den Geschäftsbanken könnte vor manchem Mißverständnis und vor mancher Fehlentwicklung bewahren, auch wenn wir selbst uns keineswegs für unfehlbar halten. So aber werden die Banken, die Bankensysteme, noch zusätzlich angeklagt, wenn Restriktionspolitik Arbeitslosigkeit statt Stabilität, und wenn Expansionspolitik Inflation statt Konjunkturbelebung hervorbringt.
Dazu, auf unser heutiges Thema bezogen, nur dies: Da die Enttäuschungen mit der überforderten Geldpolitik in fast

allen Ländern gleich groß waren, kann das Manko nicht von den Banksystemen, von den Banktypen herrühren, nicht einmal davon, ob man es vornehmlich mit privaten oder staatlich gelenkten Instituten oder – wie in Deutschland – mit einem fast paritätisch gemischten System zu tun hat. Ich meine also, die Geschäftsbanken müssen sich noch mehr vom Erfüllungsgehilfen zu Partnern der Notenbanken emanzipieren und auch als solche akzeptiert werden. Jedes konzeptionelle und praktische Gegeneinander führt zu Mißerfolgen, an denen alle zu tragen haben.

Nun aber zurück zu den von mir hervorgehobenen drei Hauptaufgaben der Banken, jeweils verknüpft mit der Frage, welcher Art die Banken sein sollten, die diese Aufgaben wohl am besten lösen können.

Das Finanzierungsvolumen der Wirtschaft – *erster Punkt* – wird schon innerhalb des nächsten Jahrzehnts in Dimensionen hineinwachsen, die wir uns heute, in einer Periode weltweiter Investitionsflaute zumal, kaum vorstellen können. Meine Bank hat kürzlich errechnet, daß im Zeitraum 1975 bis 1985 allein die deutschen Unternehmen einen Investitionsfinanzierungsbedarf von annähernd 4 Billionen DM haben werden. Setzt man davon einerseits die Eigenfinanzierung über Abschreibungen und Erträge sowie die Beschaffung sonstiger Mittel ab, und fügt andererseits die Erfordernisse der Umsatzfinanzierung hinzu, so kommt man zu dem Ergebnis, daß allein durch Bankkredite 2 bis 2,5 Billionen DM aufzubringen sein werden.

Diese nackten Zahlen werden noch drohender, wenn man die qualitative Komponente mit berücksichtigt. Unter Qualität verstehe ich dabei einmal, wie üblich, den Sicherheitsfaktor. Gerade bei den Großinvestitionen – etwa im Energiesektor oder bei neuen interkontinentalen Transportmitteln – wird es weniger noch als heute möglich sein, die Risiken auf traditionelle Weise einigermaßen abzudecken. Ob und inwieweit diese Lücke durch Staatsgarantien geschlossen werden kann, diese Frage muß angesichts der Schuldenberge der öffentlichen Hand offenbleiben. Fest steht: Die Risiken des Kreditgeschäfts der Banken werden größer, kompakter; einigen Vorgeschmack davon haben die Banken schon bekommen. Diesen Risiken muß wahrscheinlich auch durch eine höhere Eigenkapitalquote als heute Rechnung getragen werden. Aber ob 4,5 oder auch 8% Eigenkapital, entscheidend bleibt die Frage der sachkundigen Risikoabschätzung, die den Mittelweg zwischen den todsicheren und den hochbrisanten Engagements einschlägt. Die Bank, die jedes Risiko meidet und damit den Fortschritt bremst, würde auch sich selbst einen schlechten Dienst erweisen. Nicht weniger gefährlich ist aber wie eh und je ein leichtfertiger Umgang mit den ihr von ihren Kunden und Aktionären anvertrauten Geldern.

Schon aus dem Gesagten ergibt sich, daß die großen, leistungsfähigen, in sich diversifizierten und spezialisierten Bankeinheiten vermutlich das größere Wachstumspotential vor sich haben; ob sie es auszuschöpfen vermögen, sei dahingestellt. Vieles hängt weniger an den Banken als an den Bankiers. Ich rede nicht der Mammutbank das Wort, aber wir halten es doch für etwas antiquiert, wenn selbst Kooperationsverträge auf europäischer Ebene zuweilen das Mißtrauen der Kartellbehörden hervorrufen. Ganz allgemein sehe ich unter dem Druck der wachsenden Volumina und der zunehmenden Risiken in einer Welt, in der nicht nur die Wechselkurse floaten, sondern fast alles schwankt, die Notwendigkeit erweiterter Formen der Zusammenarbeit, in sehr breit konstruierter Konsortien, die beispielsweise auch Versicherungsunternehmen mit einschließen können.

Der entscheidende Aspekt für unsere Überlegungen bleibt aber »die andere Qualität«, nämlich die Laufzeitfrage. Von der Finanzierungsaufgabe her brauchen wir nicht nur ein absolut kräftig steigendes Kreditvolumen, wir bräuchten auch eine größere Finanzierungstiefe, längere Laufzeiten also – Beispiele für Langzeitinvestitionen von den Gipfeln des Hochhausbaus bis zu den Bohrlöchern im Meeresboden sind uns mühelos gegenwärtig.

Tatsache ist, daß sich das Kapitalangebot hinsichtlich der Laufzeit diesen Erfordernissen gegenüber bisher umgekehrt proportional entwickelt hat. In meinem Land stellen heute bereits Anleihevorhaben mit 7 oder 8 Jahren Laufzeit einen Kraftakt dar, während noch Mitte der 60er Jahre 20jährige Laufzeiten von Industrieanleihen eine Selbstverständlichkeit waren. Die Tendenz geht heute, im Herbst 1975, eindeutig zu den Laufzeiten um 5 Jahre, die man früher bestenfalls als mittelfristig bezeichnet hat. Wenn das so bliebe – ich hoffe es nicht –, könnten wir unseren fachlichen Sprachschatz um den Begriff der Langfristigkeit reduzieren.

Die Ursache für diese Renitenz der privaten und institutionellen Kapitalanleger scheint mir nicht in erster Linie in der Geldentwertung selbst zu liegen, denn sonst wäre ja das über die Jahre hinweg und vor allem in jüngster Zeit außerordentlich hohe Aufkommen an Spareinlagen nicht zu erklären. Verschreckt hat vielmehr die Methode, mit der man die Inflation zu bekämpfen sucht, der massive und fast abergläubische Einsatz der Geldpolitik mit der Folge heftiger Zinsbewegungen und entsprechender Wertverluste vor allem der längerfristigen Anlagen. Gegenwärtig ist weder am Horizont noch sonstwo etwas sichtbar, was den Sparer und Kapital-

anleger glauben machen könnte, daß ähnliche negative Entwicklungen künftig vermieden werden. Voraussetzung wäre eine Konjunkturpolitik, die den Wurzeln der Inflation direkt, und nicht auf dem Umweg über die Geldpolitik dieser oder jener Prägung, zu Leibe rückt. – Mehr brauche ich an dieser Stelle zu diesem Thema wohl nicht zu sagen.
Als Banken haben wir uns zu bemühen, Mittel und Wege und zumindest Notlösungen zu finden, mit denen die Diskrepanz zwischen den Notwendigkeiten des Investments und den Vorstellungen der Anleger so überbrückt werden kann, daß die Wirtschaft unter den Unzulänglichkeiten der Konjunkturpolitik nicht allzusehr zu leiden hat. Diese Aufgabe könnte zum Dauerbrenner werden. In den vor uns liegenden Jahren hat sie aber ganz sicher besonderes Gewicht. Und ich meine, daß eine Bank des universellen Typus besser gerüstet ist, diese Aufgabe zu bewältigen, als Banken, die sich in spezialisierten Geschäftsbereichen bewegen. Wir brauchen den gleitenden Übergang von der einen Finanzierungsform in die andere, wir brauchen die stete Möglichkeit, Marktlücken zu erkennen und auszufüllen, mit einem Höchstmaß an Flexibilität und Anpassungsfähigkeit.
An dieser Stelle taucht nun zwangsläufig die Frage auf, ob zum größtmöglichen Finanzierungsangebot auch die Fähigkeit der Banken gehören soll, anderen Unternehmen Risikokapital zur Verfügung zu stellen, also Aktien und Beteiligungen zu besitzen. Die deutschen Banken sind bekannt dafür, seit je auch an Industrie- und Handelsgesellschaften beteiligt zu sein. Über den Umfang solcher Beteiligungen bestehen aber oft phantastische Vorstellungen und auch über die Einflußmöglichkeiten, die mit solchen Interessennahmen verbunden sind. Lassen Sie mich, was die Größenordnung betrifft, anmerken, daß beispielsweise die Dresdner Bank – die

damit unter den vergleichbaren Banken weder nach der einen noch nach der anderen Seite aus dem Rahmen fällt – nur etwa 2% ihrer Bilanzsumme in Aktienpaketen von mehr als 10% des Grundkapitals der jeweiligen Gesellschaften investiert hat. Lediglich in drei Fällen handelt es sich um Mehrheitsbeteiligungen. Insgesamt hält sich der Besitz deutscher Banken an Aktien von Gesellschaften außerhalb des finanziellen Sektors weiterhin unter 5% des gesamten Grundkapitals solcher Gesellschaften.

Angesichts dieser bescheidenen Dimensionen muß man sich eigentlich wundern über die Intensität, mit der dieser Bereich bankgeschäftlicher Aktivität immer wieder attackiert wird. Nun, wir haben oft genug betont, daß wir nicht an diesen Beteiligungen kleben, daß sie zum Teil ganz gegen unsere Absicht in unseren Besitz gekommen sind und daß in den letzten Jahren auch eine Reihe von Aktienpaketen von den Banken veräußert worden ist. Diese Linie werden wir beibehalten.

Ich meine aber auch, daß uns diese Jahre der Rezession und des Strukturwandels in der Wirtschaft klargemacht haben sollten, wie nützlich es sein kann, wenn Banken grundsätzlich in der Lage sind, einem Unternehmen auch als Aktionär unter die Arme zu greifen, es vielleicht in einer weiteren Stufe mit einem anderen Unternehmen zusammenzuführen. Ich hielte es für falsch – und ich spreche hier natürlich in erster Linie für die deutsche Szene –, wenn man den in vielen Fällen gleitenden Übergang zwischen dem ja auch Risiko tragenden Kredit und dem haftenden Kapital im engeren Sinne verbarrikadieren würde. Es kann immer wieder Fälle geben, in denen die Gesundung eines Unternehmens davon abhängt, daß ihm Eigenkapital zugeführt wird, das der Kapitalmarkt zum gegebenen Zeitpunkt nicht bereitzustellen in der Lage ist.

Banken, Bankkonsortien, können hier am ehesten helfend eingreifen. Man sollte es ihnen nicht verwehren. Betrachten wir die Dinge also so pragmatisch wie möglich, und lassen wir auch hier die Ideologen möglichst unter sich.

Als *zweiten Punkt* für unsere Zukunftsorientierung hatte ich die Mitwirkung der Banken bei der Kreditfinanzierung der privaten wie der öffentlichen Haushalte genannt. Lassen Sie mich hier auf das heute in fast allen Ländern im Vordergrund stehende Problem der Staatsverschuldung konzentrieren. Wir wissen alle aus der älteren und der neueren Geschichte, daß das Schuldenmachen der öffentlichen Hand nicht immer in voller Übereinstimmung mit dem steht, was dem Staat selbst und was der Funktionsfähigkeit der Wirtschaft insgesamt zuträglich ist. Der Fall New York hat uns hierzu neues Anschauungsmaterial geliefert und die den staatlichen Stellen meist zugeschriebene hohe Schuldnerqualität wieder einmal ins Zwielicht gerückt.

Aber selbst sparsam wirtschaftende Regierungen werden in den nächsten Jahren und Jahrzehnten in wachsendem Umfang auf Kreditfinanzierungen angewiesen sein, und zwar nicht nur, wenn es gilt, konjunkturelle Flauten zu überwinden. Wir brauchen unter den verschiedensten Aspekten mehr staatliche Investitionen, die es auch rechtfertigten, von der nachfolgenden Generation finanziell mitgetragen zu werden, und wir wollen jetzt nicht darüber diskutieren, ob auch manche der vom Staat an sich gezogenen (oder ihm zugeschobenen) Aufgaben zusammen mit ihrem Finanzierungsbedarf reprivatisiert werden könnten. Allzuviel an solcher Umschichtung ist realistischerweise wohl kaum zu erwarten. Und so wird sich der Kreditbedarf der öffentlichen Hand in ständigem Wettbewerb mit den Finanzierungserfordernissen der Wirtschaft um diejenigen Mittel bemühen, die der Markt

in der allzeit gewünschten Laufzeit-Qualität wohl auch künftig nicht in ausreichendem Maße zur Verfügung stellen wird. Nicht in jeder konjunkturellen Phase wird es vertretbar sein, so wie derzeit in meinem Land, die staatlichen Defizite mit kurzfristigen Mitteln oder gar durch die Zentralbank zu finanzieren. Die vom Sommer bis zum Herbst dieses Jahres praktizierte Offenmarktpolitik, die den Ankauf von fast 8 Mrd. DM Anleihen von Bund, Bahn und Post zum Inhalt hatte, empfiehlt sich kaum zu häufiger Wiederholung.
Alles in allem werden unsere öffentlichen Hände neue Methoden des Schuldenmachens entwickeln müssen, und sie brauchen dazu Partner, die sie vor allzuviel Virtuosität bewahren, sie auf die Realitäten der Märkte zurückführen, zugleich aber diese Märkte optimal auch für den Kreditbedarf des Landes nutzen. Und Sie werden abermals nicht verwundert sein, wenn ich gerade an Hand unserer umfangreichen Erfahrungen auf diesem Gebiet die Meinung vertrete, daß Banken, die gleichermaßen Zugang zum Geld- wie zum Kapitalmarkt haben, am ehesten in der Lage sind, diese Partnerrolle zu übernehmen.
Als eine der wichtigsten Aufgaben – und damit komme ich zu meinem *dritten Punkt* – sehen wir es wohl alle an, unsere freiheitliche Wirtschaftsordnung so zu stabilisieren, daß sie in sich gefestigt und von einem breiten Konsensus getragen wird. Dazu ist es unerläßlich, alle Bevölkerungsschichten nicht nur über die Arbeitsleistung, sondern auch über den Kapitaleinsatz an den Ergebnissen zu beteiligen und ihnen so auch mehr Mitverantwortung zu übertragen. Die Formen, in denen dies geschehen kann, sind vielfältig. Von den Universalbanken werden sie unter einem Dach angeboten, und das scheint mir eine Lösung zu sein, die institutionell optimal zur Förderung der privaten Vermögensbildung beiträgt. Der

Sparer, der am gleichen Schalter oder schlimmstenfalls am Schalter nebenan sein Sparguthaben bei günstigen Auspizien in eine Wertpapieranlage überführen kann und dem vielleicht zu einem anderen Zeitpunkt der Rat gegeben wird, seine Ersparnisse zunächst als Termingeld anzusammeln, wird bereitwilliger und erfolgreicher zum vollen Teilhaber unserer Wirtschaftsordnung als derjenige, der etwa nur durch briefliche Werbung aufgefordert wird, sich in Wertpapieren zu engagieren.

Ich glaube, daß die persönliche und verantwortungsbewußte Beratung in der Vermögensbildung eine entscheidende Rolle spielt. Dieser Aufgabe sollten sich die Banken mit hohem Einsatz, der schließlich auch seine Rendite bringen wird, vorrangig widmen. Es wäre aber höchst unwirtschaftlich, wollte man neben den Geschäftsstellennetzen der Banken noch zusätzliche Beratungsketten von Wertpapierbanken etablieren. Das gleichzeitige und gemischte Angebot vor Ort dürfte in jeder Hinsicht die rationellste Lösung sein.

DIE CHANCE DER FREIHEIT

Sie hatten es sich mit der Frage nach den Grenzen ihrer Loyalität gegenüber dem britischen Souverän niemals leicht gemacht. Und auch nachdem man jahrelang landauf und landab über die Notwendigkeit einer Trennung nachgedacht hatte, fiel die Aufkündigung der Bindungen offensichtlich schwer. Die Ereignisse drängten sich auf wenige Tage im Sommer 1776 zusammen, und die älteste und stolzeste Kolonie, Virginia, das Land *Washingtons* und *Jeffersons,* nahm die Last der Initiative auf sich.

Am 15. Mai beschlossen die Vertreter Virginias, dem für Anfang Juni nach Philadelphia einberufenen Generalkongreß den Antrag vorzulegen, die Vereinigten Kolonien zu freien und unabhängigen Staaten zu erklären. Am 7. Juni bringt *Richard Henry Lee* für Virginia den Antrag im Kongreß ein, und schon vier Tage später wird ein Redaktionskomitee eingesetzt, das unter der führenden Feder des 33jährigen *Thomas Jefferson* die Unterlagen ausarbeiten soll, deren der Kongreß zu seiner Beschlußfassung bedarf. Am Tage darauf erläßt Virginia sein Grundgesetz, die *Bill of Rights,* einen Katalog amerikanischer Ideale zugleich, in dessen erstem Arti-

Vortrag vor dem Tabak-Kollegium im Alten Rathaus zu Bremen aus Anlaß des 200jährigen Bestehens der Vereinigten Staaten von Amerika am 6. April 1976

kel allen Menschen das Recht und die Möglichkeit zugesprochen wird, Glück zu erstreben und zu erlangen, um alsdann festzustellen, daß die Segnungen der Freiheit einem Volke nur verbleiben könnten durch strenges Festhalten an den Idealen der Gerechtigkeit, der Mäßigung, Enthaltsamkeit und Bescheidenheit. Der letzte Artikel schließlich macht es jedermann zur Pflicht, christliche Vergebung, Liebe und Barmherzigkeit untereinander zu üben.

Vor diesem Hintergrund gewinnt die Arbeit *Jeffersons* und seiner Komiteemitglieder *John Adams* und *Benjamin Franklin* ihre besondere Qualität. Es gelingt dem Genie *Jeffersons,* in wenigen Tagen eines der nobelsten Dokumente der Weltgeschichte vorzulegen: Er verbindet die Ideale von Generationen, die Summe der Philosophie um das Wesen des Staates und die Rechte des Menschen mit einer Aufzählung und Klarstellung der Gründe, die zu einer Trennung von Großbritannien zwingen.

Die Erklärung, die sich im Gegensatz zu allen vergleichbaren Vorgängern auch verstanden wissen will *in a decent respect to the opinions of mankind,* wird dem Kongreß am 1. Juli zu einer Vorabstimmung vorgelegt; aber nur neun der dreizehn Kolonien stimmen für den Antrag. South Carolina und Pennsylvania votieren dagegen, New York hat keine Vollmacht zur Abstimmung, und die Stimmen Delawares sind neutralisiert: ein Delegierter ist dafür, einer dagegen, und die dritte, die entscheidende Stimme, ist abwesend.

In der Nacht zum 2. Juli, dem Tage der Abstimmung, entscheidet sich das Schicksal Nordamerikas. Pennsylvania und South Carolina verwenden jetzt ihre Stimmen für die Unabhängigkeit, und der fehlende dritte Mann aus Delaware, der Farmer *Cesar Rodney,* reitet durch Nacht und Gewitter. Er ist rechtzeitig zur Stelle unter den 56 Männern, die dreizehn

Kolonien zu den dreizehn Vereinigten Staaten von Amerika erklären. Die 56 – fast jeder eine Legende für sich – verpfänden einander ihr Leben, ihr Vermögen, ihre heilige Ehre. Manche von ihnen werden in den kommenden Jahren für ihr Wort einstehen müssen. Sie sind erstaunlich jung; achtzehn unter ihnen sind noch keine vierzig Jahre alt.
Zwei Tage später, am 4. Juli, bestätigt der Kongreß die Trennung und die Unabhängigkeit, und *John Hancock* setzt als Präsident des Kongresses seine Unterschrift unter die Geburtsurkunde der Vereinigten Staaten. Welchen Erschütterungen auch immer diese Vereinigten Staaten von Amerika ausgesetzt sein werden, um diesen Tag und um dieses Dokument versammeln sich seither der Stolz und die Liebe der amerikanischen Nation. Man wird in der Weltgeschichte vergeblich nach einer Parallele dafür suchen, daß über drei Millionen Farmer und Pflanzer, Handwerker, einige Kaufleute und Anwälte, viele noch auf der Wanderung von einer Heimat in die andere, sich des Glückes rühmen können, eine solche Fülle an Kraft, staatsmännischer Einsicht, an politischem und auch militärischem Genie für ihre Sache mobilisiert zu haben wie die Amerikaner im Juli 1776 mit Männern wie *Franklin, Samuel* und *John Adams, Washington, Payne, Jefferson,* etwas später *Madison* und *Hamilton.*
In dieser Sternstunde der amerikanischen Geschichte treten die jungen Republikaner ebenbürtig und höchst königlich dem König von England gegenüber. Die Kolonisten, die in der Erinnerung an grausame Kolonialkriege und mit den Gefahren der Grenze leben, leiten eine Revolution ohne Guillotine, ohne Scheiterhaufen, ohne *Robespierre,* ohne Bastille und ohne Winterpalais ein. Ihre Repräsentanten erscheinen und handeln wie römische Senatoren, denen aufgetragen ist, die andere Seite in Großmut wissen zu lassen, daß die Tren-

nung unabänderlich sei, daß man aber auch hätte beieinander bleiben können, wenn nur mehr Verstand und Verständnis sichtbar gewesen wären.
Über Mangel an Größe kann die Zeit nicht klagen. Die Botschaft aus der jungen Republik erreicht auf den Thronen Europas *Katharina II., die Große, von Rußland, Friedrich II., den Großen, von Preußen, Maria-Theresia* und *Joseph II.* auf dem Throne Österreichs, in Frankreich den unglücklichen *Ludwig XVI.* und in England *Georg III.*, den eigentlichen Adressaten. Diesem König war eine Warnung seltener Natur widerfahren: Er war es, dem nach der Krönung auf dem Wege von Westminster Abbey zurück nach Westminster Hall der wertvollste Stein aus der Krone gefallen war. Ihm wuchs die Weltgeschichte über den Kopf, und er verlor sein Juwel Amerika, bevor er bemerkte, daß er es aufs Spiel gesetzt hatte.
In Kleinigkeiten hatten sie sich mißverstanden, ehe sie sich im Grundsätzlichen überwarfen, um sich schließlich um Rang, Gesetz und Recht zu zerstreiten. Was man in Whitehall als Obstruktion verstand, geriet in Amerika zum Patriotismus und offenen Widerstand. Die Rebellion flammte in den Hafenstädten auf, griff auf das Land über, und schließlich konnte keine Macht der Welt die Bewegung voneinander fort aufhalten.
Zur Ehre des britischen Parlaments verdient es festgehalten zu werden, daß bis zuletzt, bis zur Trennung, die Stimmen in Westminster auch für die amerikanische Sache in glänzenden Reden vorgetragen wurden. Der König aber sah in der Abkehr seiner Untertanen einen persönlichen Affront und mobilisierte Truppen gegen die jungen Vereinigten Staaten. Für den unpopulären Waffengang konnte er seine Landsleute allerdings nicht gewinnen. Und so ging er, obwohl prominente

Abgeordnete im britischen Parlament, unter ihnen der große *Pitt,* in schärfster Form gegen die Anwerbung von Söldnern protestierten, auf dem Kontinent einkaufen. Während sich *Katharina von Rußland* mit 20 000 Kosaken versagte, die Holländer ablehnten und *Friedrich der Große* seinem ehemaligen Alliierten eine Hilfe dieser Art kategorisch mit den Worten verweigerte, er würde nicht zwei Reihen Soldaten für den Kampf gegen die Kolonien zur Verfügung stellen, und würde man ihm alle Millionen der englischen Krone geben, überantworteten andere deutsche Fürsten ihre Landeskinder, wie sie sie nannten, gegen bares Geld der britischen Armee. Diese merkte wiederum zu spät, daß es mit der Moral der so mit Haut und Haar verkauften Soldaten nicht allzu weit her sein konnte. Und mancherorts verfolgt es die Hessen noch heute, daß in den amerikanischen Befreiungskriegen das Wort »hessisch« zu einem Synonym für Desertion wurde.

Unsere Landsleute aus Braunschweig, aus Hessen, Waldeck, Anhalt und Ansbach-Bayreuth im Solde des Königs von England wurden nicht nur die wahren armen Teufel des Unabhängigkeitskrieges. Sie hatten schon vor ihrer Landung ihren Beitrag zur Unabhängigkeitserklärung geleistet. Am 19. April 1776 wurde hier an der Wesermündung die erste hessische Division eingeschifft. Schon im Mai liegen dem Kongreß in Virginia Kopien der Verträge vor, die *König Georg* über den Ankauf von 12 000 Hessen geschlossen hatte. Die Entrüstung über diese Nachricht wurde der wesentliche Anstoß für die Initiativen in Virginia, nunmehr die Unabhängigkeit voranzutreiben.

Die Deutschen kämpften, siegten und verloren auf beiden Seiten. Aber sie hatten sich noch nicht ganz aus dem Auge verloren: So befahl der hessische General *von Knipphausen,* nicht auf den *Baron von Steuben* zu schießen, sollte man seiner ansichtig werden; denn es handele sich schließlich um einen seiner Kameraden aus *Friedrichs* Siebenjährigem Krieg. Unter den Truppen *Washingtons* hatten es die Deutschen leichter. Sie entstammten weitgehend den Familien erfolgreicher Siedler und Handwerker und hatten – frei von jedem Konflikt gegenüber der britischen Krone – von Anfang an auf seiten derer gestanden, die die Unabhängigkeit begehrten. Andererseits hatten sie vom ersten bis zum letzten Tage die Nöte einer Armee mitzutragen, die, äußerst mangelhaft ausgerüstet, die Züge einer Partisanentruppe trug und ohne hinreichenden finanziellen Rückhalt fechten mußte, weil man im ersten republikanischen Eifer dem Kontinental-Kongreß bewußt jede Vollmacht zur Erhebung von Steuern versagt hatte.

Die Armee hätte wiederholt vor ihrer Auflösung gestanden, wären nicht das Genie *Washingtons* und die Kunst der Improvisation der Kolonisten auf ihrer Seite gewesen.

Unter den Heerführern und Soldaten aus vielen Völkern, die zur amerikanischen Armee zusammenschmolzen, haben deutsche Namen einen guten Klang behalten. Und für die Kunst der Improvisation qualifizierten sich unsere Leute durchaus: Da war der Pastor *Peter Mühlenberg* – den sein Vater noch einmal nach Deutschland, nach Halle, geschickt hatte, damit er seinen offenbar lückenhaften theologischen Fundus verstärke –, der sein Amt mit ungewöhnlicher Tatkraft und Entschlossenheit versah: Er verkündete seiner Gemeinde von der Kanzel herab, daß alles seine Zeit habe, das Predigen und das Beten, aber auch das Kämpfen, und daß nun die Zeit des Kampfes gekommen sei. Sprach's, entledigte sich des Priesterornats und stand in voller Uniform vor den Seinen. Bis zum Abend hatte er in der ersten Begeisterung

300 Männer für die Fahnen geworben. Er stellte sich an ihre Spitze, wurde Brigadegeneral und später, im Frieden, Mitglied des amerikanischen Senats.
Und da war der oberste Bäckermeister der Armee, der Deutsche *Christoph Ludwig,* von dem es später hieß, er habe mehr für die Sache der Freiheit getan als viele Generäle. Als *Washington* in der Weihnachtsnacht 1776 über den eistreibenden Delaware setzte, überfiel er am anderen Ufer die hessischen Regimenter *Rall, Ansbach* und *Knipphausen* und schnitt ihnen den Weg ab. *Washington* folgte nun dem Rat *Ludwigs:* Er führte die Gefangenen durch Philadelphia, zeigte ihnen dort die schönen deutschen Kirchen, die hübschen Häuser, und ließ sie ein Roastbeef schmecken. *Ludwig* hatte sich nicht getäuscht; unsere Landsleute liefen danach scharenweise über. Und wenn uns *ein* Trost verbleibt, dann dieser: Etwa die Hälfte der in den Vereinigten Staaten lebend gelandeten Söldner entfernten sich von der Truppe und siedelten sobald wie möglich, erkannt und unerkannt, in den befreiten Kolonien und verwandelten ihre verkauften Seelen in die treuer Amerikaner.
In der Erinnerung bleibt eine etwas schmerzliche Verbindung der Deutschen mit der amerikanischen Revolution; und sie wurde lebendig in den großen Konflikten des 20. Jahrhunderts – Konflikte, die uns wiederum auf beiden Seiten sahen und sehen.
Die siegreiche Revolution, die sich im Kern gegen den feudalen Anspruch aller Macht und Autorität richtete und gleichwohl von Anbeginn an aristokratische Züge trug, übersetzte nun, was Zeit und Geschichte über die Freiheit und ihre Verwirklichung gedacht, gedichtet und gesungen hatten, in die Tat. Freiheit war nun nicht mehr nur Postulat und Papier, Freiheit wurde zur historischen Erfahrung. Die Amerikaner

machten Ernst mit der Rangordnung des einzelnen und mit der Rangordnung des Volkes. Sie errichteten eine Republik des Vertrauens in die Kraft des einzelnen und des Mißtrauens in jede staatliche Kompetenz.

Damit wurde die amerikanische Geschichte zu einer Geschichte der Chancen des freien Mannes, der Chance der Freiheit. Sie wurde zugleich eine Geschichte des Wagnisses, daß es gut für den einzelnen und förderlich für alle sei, wenn die Entwicklung einer Gemeinschaft nicht der Planung weniger im Staate, sondern der Kraft, der Phantasie und der Vielfalt, der Initiative aller anvertraut wäre. Wir werden keine Revolution mehr erleben, die noch einmal dem einzelnen Menschen soviel zutrauen wird, und es ist in der Weltgeschichte seither kein Ereignis eingetreten, das auf die Dauer vergleichbare Kräfte freigesetzt hätte wie die amerikanische Revolution. Wer von Freiheit sprach und Freiheit suchte, Freiheit des Glaubens und der Gedanken, Freiheit der Wahl, des Wechsels und der Arbeit, der dachte an Amerika. Die Ströme von Auswanderern, die Europa verließen, hatten viele Ziele in Asien, in Afrika, in Südamerika und in Nordamerika. Das Land der Verheißung aber wurden nur die Vereinigten Staaten, und damit zugleich ein Land der verklärten Wirklichkeit – und auch der Enttäuschung.

Für den europäischen Kontinent selbst aber leitete die Rebellion in Amerika eine historische Wende ein. Alle, die in Europa dachten und schrieben, blickten auf den großen Versuch, es nicht nur mit der Gedankenfreiheit, sondern mit der Entscheidungsfreiheit des Menschen ernst zu nehmen. Der Geburtsakt einer neuen Welt, einer neuen Nation, in der sich die Vielfalt der Kräfte Europas miteinander verbindet, um miteinander zu verschmelzen, weckte zutiefst das allgemeine Bewußtsein der Zeit. Der Enthusiasmus erfaßte die Fürstenhöfe genauso wie die literarischen Zirkel.

Die Amerikaner hatten im Streit mit England allen Anlaß, einen ihrer Besten, *Benjamin Franklin,* ein Universalgenie auch als Diplomat und Staatsmann, nach Paris zu senden. Dort war der gelehrte Mann der Held des Tages. *Marie Antoinette* nannte ihn *notre cher républicain,* und *Ludwig XVI.* ließ es nicht nur zu, daß seine fähigsten adeligen Offiziere, wie *Lafayette,* in Amerika für die Republik kämpften; er finanzierte den Unabhängigkeitskrieg mit etwa 2 Milliarden Franc und brachte damit seine Monarchie und sich selbst auch finanziell an den Abgrund. Wenige Jahre später kehrte *Lafayette* mit *Jefferson* nach Paris zurück, um nun die Proklamation für die Französische Revolution aufzusetzen, eine Revolution, die zwar auch nach Freiheit, Gleichheit, Brüderlichkeit ruft – aber aus einem Umsturz in Blut, Angst und Schrecken will in Europa weder das eine noch das andere wachsen. Und der erste Republikaner von einigem Rang, *Napoleon,* setzt sich so bald wie möglich die Kaiserkrone wieder auf. Das Ideal aber der Französischen Revolution, daß der einzige Zweck der Gesellschaft die Freiheit des Bürgers sei, gerät bei dem Aufbau des napoleonischen Imperiums alsbald wieder in Vergessenheit.
Beim Blick auf die europäischen Höfe scheint es mir angemessen, besonders und einmal mehr des *Preußenkönigs Friedrich* zu gedenken, in unserem heutigen Sprachgebrauch der einzige Liberale auf einem europäischen Thron, ein praktizierender Freund der Aufklärung und des Naturrechts, ein Herrscher, der seinem Volk als erster Mann im Staate dienen wollte und seinen Preußen nicht nur als Philosoph, sondern auch als Landesvater Freiheiten zugestand, die sich sonst nur in Amerika eröffneten. Ihn und die puritanische Wirklichkeit seines Preußen mußte nicht nur die Verfassung des amerikanischen Staates, sondern auch die Verfassung der amerikani-

schen Staatsmänner mit Sympathie erfüllen. Wenn er den Aufständischen in den Vereinigten Staaten auch nicht allzu viele Chancen zugestand, so war es doch eben sein Preußen, das eine Unterstützung Englands mit Söldnern verweigerte und zu den ersten europäischen Staaten gehörte, die sich dem Handel mit Amerika öffneten.

Blättert man nun aber in den Schriften und Gedichten, die uns unsere deutschen Landsleute aus dieser Zeit hinterlassen haben, so kann man mit einer gewissen Rührung, aber auch mit einer gewissen Erschütterung die Begeisterung ermessen für die Neue Welt auf der einen Seite und die Dimension der Enge in unserem Lande auf der anderen Seite. Für viele Musensöhne der Zeit war es eine ausgemachte Sache, daß die Göttin der Freiheit Europa für immer verlassen und Quartier in Boston oder Philadelphia bezogen habe.

Die Amerikaner selbst aber ergingen sich nicht in Versen, sie machten sich an die Arbeit. Schon Franklin hatte den Europäern gesagt, den Amerikaner interessiere nicht die Abkunft eines Menschen, sondern was er zu arbeiten vermöge. Die erste Entscheidung des freien Mannes in Amerika war eine Entscheidung für die Arbeit, aus den Früchten der Arbeit erwuchs das Ethos der Neuen Welt.

Der Franzose *Alexis de Tocqueville* hatte die Vereinigten Staaten früh bereist und berichtete nun den Europäern über die Gesetze einer neuen Demokratie in Amerika, über den Wandel – wie er sich ausdrückte – des Ehrbegriffs. In einer Gesellschaft, in der jedermann arbeite und in der die Arbeit zu allem führe, richte sich, wie er sagte, der Ehrbegriff gegen den Müßiggang. Ihn hatte beeindruckt, wie die Amerikaner ihre Ehre daran setzten, rechtschaffen zu sein, und zugleich aus der kaufmännischen Verwegenheit eine Tugend machten. Er bewunderte, wie der an der Grenze in einer ständigen

Auseinandersetzung lebende Mensch den friedlichen Tugenden den höchsten Rang einräumte, wobei er den Amerikanern eine starke Passion zugestand, nämlich die Liebe zum Reichtum.

Aus der Überwindung des gewaltigen, oft feindseligen Raumes aber erwuchs dem Amerikaner die wohl wesentlichste Eigenschaft: das Gefühl für seinen Nachbarn. Die Unabhängigkeit des einzelnen wurde in der amerikanischen Geschichte erfahren in der Abhängigkeit vom Nächsten. Die Verantwortung dem Nachbarn gegenüber, die Pflicht zur unbedingten Hilfestellung für den Bedrängten, wurde zur vornehmsten amerikanischen Tradition bis auf den heutigen Tag. Aus der Einsamkeit der Siedler heraus wuchs der amerikanische Idealismus, der aus der eigenen Freiheit die Pflicht ableitet, für die Freiheit aller einzutreten, um in letzter Konsequenz die bewährte eigene Hausordnung, deren Segnungen man erfahren hat, auch bei allen anderen zu verwirklichen. Und keine andere Nation der Welt wird sich jemals so selbstlos dafür einsetzen, daß die guten Fortschritte im eigenen Hause auch anderen zuteil werden.

Als sich die Amerikaner 1826 anschicken, ihren 50. Geburtstag zu feiern, geht in der Neuen Welt eine Epoche zu Ende. Die zu den Feierlichkeiten nach Washington geladenen ehemaligen Präsidenten *John Adams* und *Thomas Jefferson* – sie hatten gemeinsam die Unabhängigkeitserklärung unterzeichnet –, sie müssen beide wegen ihrer angegriffenen Gesundheit absagen. Und sie wissen voneinander, daß es mit ihnen zu Ende geht, als sie beide am 4. Juli 1826, dem Unabhängigkeitstag, sterben. Damit schließt, so will es mir scheinen, die Antike Amerikas ab – eine Antike, die zugleich ein republikanisches Empire und Biedermeier war.

Als man vor 100 Jahren, am 4. Juli 1876, daran ging, des einhundertsten Geburtstags der Vereinigten Staaten von Amerika zu gedenken, und auf dem Independence Square in Philadelphia – in Anwesenheit auch das *Kaisers von Brasilien* – der Dichter *Taylor* eine nationale Ode vor den versammelten 150000 Menschen verlesen will, da übertönt ihn die schrille Stimme einer Dame namens *Susan Anthony*, die ihrerseits ein Dokument verliest, eine Unabhängigkeitserklärung der amerikanischen Frauen. Sie und die ihr gleichgesinnten Damen am Ort ziehen anschließend in die nahegelegene unitarische Kirche und singen dort ihre Kampflieder. Da war Amerika in seine große Rolle als das Land der unbegrenzten Möglichkeiten hineingewachsen, und damit auch in die Toleranz, daß die Freiheit vieler viele Gesichter hat und daß Freiheit auch mit Lärm verbunden sein kann.

Amerika hatte aus vielen kleinen Leuten viele große Leute gemacht, und obwohl die Neue Welt inzwischen bittere Erfahrungen erlitten hatte – den Bürgerkrieg, Gettysburg, *Abraham Lincoln* –, war der Glaube an das unbegrenzte Glück in der Zukunft ungebrochen. Die *pursuit of happiness* stand allen offen, und Amerika wurde zu dem Kontinent der tatkräftigen, der verwegenen Unternehmer. Dort schien jeder Fleiß, jede Anstrengung des Erfolges sicher, und die so vielfach geweckte Kraft setzte an, Europa zu überholen. Und *Jules Verne* konnte sich in seiner Utopie einer Reise zum Mond schon 1865 keinen anderen als einen Amerikaner in der Rakete vorstellen.

Und an dieser Welt, in der jede staatliche Gewalt als der Versuch einer störenden Bevormundung angesehen wurde, gingen die Botschaften etwa eines *Marx* und *Engels*, die Gleichheit aller durch einen Mechanismus des Zusammenlebens zu erzwingen, mangels Interesse ins Leere. Da uns diese beiden aber ihre ideale Vorstellung von einer Gesellschaft hinterlassen haben, in der es jedem, wie sie sagten, möglich sein sollte, heute dies und morgen das zu tun, »am Morgen zu jagen, am Nachmittag zu fischen, am Abend Vieh zu züchten oder Kritiken zu schreiben, ohne daß man deshalb ein Jäger oder ein Fischer oder ein Schäfer oder ein Kritiker sein müsse«, da haben sie für uns auch die Frage offengelassen, warum nicht auch sie ihr Glück in Amerika versucht haben. Diesem ihrem Ideal – man denkt bei ihrem Bild ein wenig an *Mark Twain* – ist die Wirklichkeit Amerikas weit näher gekommen als das Leben in irgendeinem anderen Staat, der sich die Lehren der beiden zum Inhalt seiner Existenz machte.

Weitere hundert Jahre sind ins Land gegangen, und es will uns scheinen, als wolle sich Amerika die Feier seines zweihundertsten Geburtstages nicht leicht machen. Amerika beschwört die großen Bilder seiner Geburtsstunde, aber es zieht sich und seine Gegenwart im gleichen Zeitpunkt in Zweifel. Und die Worte des alten *Goethe*

»Amerika, du hast es besser
als unser Kontinent, das Alte«,

– ein Stoßseufzer Europas –, diese Worte haben einiges von ihrem Gewicht verloren. Denn die Unterscheidung, die der alte Herr in Weimar der Neuen Welt zubilligte,

»Dich stört nicht im Innern
zu lebendiger Zeit
unnützes Erinnern
und vergeblicher Streit«,

– diese Unterscheidung stellt sich für die Gegenwart als ein Irrtum *Goethes* dar.

Dieser so offensichtliche Wandel im amerikanischen Bewußtsein, er müßte uns nicht einmal bedrücken: Wenn auch auf höchst unfreiwillige Weise – hier rücken die Kontinente zusammen, und wir könnten froh sein darüber, daß bei dieser Gelegenheit die Alte Welt ein Gutteil ihrer historischen Arroganz einbüßt. Fällt es doch den Europäern bis heute noch schwer, ihren nach Amerika ausgewanderten Landsleuten deren Anteil am europäischen Mittelalter und Altertum zuzubilligen, so wie sie bei ihrem Blick auf das jugendliche Amerika auch gern übersehen, daß Nation und Staat dort drüben heute zu den ältesten auf der Welt zählen, weil sie in den vergangenen zweihundert Jahren nahezu unangetastet blieben.

Wenn wir nun aber angesichts der amerikanischen Geschichte und der amerikanischen und europäischen Gegenwart die Frage nach den Chancen der Freiheit aufwerfen, dann werden wir gut daran tun, uns einiger Veränderungen, aber auch einiger Konstanten im Umgang mit der Freiheit bewußt zu werden, um uns dann der Erwartungen zu vergewissern, die wir heute an die Freiheit stellen.

Blicken wir auf die letzten einhundert Jahre zurück, so erwies der Amerikaner einmal mehr seine glückliche Hand im Umgang mit der Freiheit. Sie war es weiterhin, die den Menschen zum Schöpfer werden ließ, sie entfaltete das Glück Amerikas. Sie war es, die hinter der gewaltigen Arbeit Amerikas stand, aus ihr leitete sich das Organisationsprinzip der modernen Wissenschaft als auch der Technik industrieller Prozesse ab, sie erwies sich letztlich als der Schlüssel zu den Dimensionen Amerikas, in die das Land, seine Städte, seine Landwirtschaft, sein Verkehr, seine Industrie, seine Produktion, seine Universitäten, sein Vergnügen, seine Aktionen und auch seine Depressionen hineinwuchsen. Aus der freien Entscheidung seiner Bürger, nicht aus staatlicher Planung heraus, entfalteten sich Macht, Größe und Überfluß Amerikas, eines Amerika, das sich in seiner Sprache, in seiner Literatur, in seiner Architektur, in seiner Musik und in seinen Filmen zunehmend seine eigene Kraft vorstellte.

Mit ihrer Kraft wächst den Amerikanern Macht zu, eine Fülle von Macht, wie sie früheren Generationen unvorstellbar war. Und doch werden sie die ersten sein, die nicht danach trachten, sich die Welt untertan zu machen. Als sie wirklich darangehen, in die Raketen *Jules Vernes'* zu klettern, und als in wenigen Jahren nacheinander zwölf Amerikaner auf dem Mond landen, da kommt nicht einer auf den Gedanken, daß der Mond nun amerikanisch sei.
Sie standen schließlich zu der Mahnung *Abraham Lincolns,* die amerikanische Nation könne der Geschichte nicht ausweichen, und wiederum blieben sie dabei der Tradition ihrer Väter treu: nämlich für die Freiheit, so wie sie sie sahen und erlebten, dort anzutreten, wo sie sie gefährdet glaubten. Zur Ehre Amerikas aber hielten sie noch eine andere Tradition aufrecht: Überall dort, wo sie stark, glückhaft und siegreich waren, da waren auch der Großmut und die Hilfe Amerikas zur Stelle, und bis auf den heutigen Tag ist uns kein Unglück vorstellbar, ohne daß nicht Amerika Rettung und Hilfe versuchte.
Die Sonne über Amerika warf aber auch ihre Schatten. Ein Land der Widersprüche war es immer gewesen, und mit der Geschichte wuchsen die Widersprüche, vor allem diejenigen, die der Gemeinschaft der Amerikaner von Anfang an eingeboren waren. Da waren auf der einen Seite die gottesfürchtigen, frommen Einwanderer, die den Dienst in ihrem Glauben und an ihrer Kirche in den Mittelpunkt ihres Lebens stellten und bis heute stellen. Amerika war aber nicht weniger gewachsen unter dem verwegenen Zupacken von Männern, denen das Abenteuer die Erfüllung des Lebens bedeutete.
Da war die puritanische Zucht der Republikaner auf der einen Seite, die den höchsten Anspruch an einen einfachen

Lebensstil in die Verfassung trug. Und da waren auf der anderen Seite gewaltige Vermögen entstanden, Reichtümer, die von Anfang an das Leben in Amerika dem Mißverständnis aussetzten, die Freiheit der Neuen Welt sei letztlich nur die Freiheit, Dollars zu erwerben. Da nahmen sie sich einerseits der Armen und Hilfsbedürftigen in aller Welt an. Weil sie aber so viel der eigenen Initiative und so wenig ihrem Staatswesen zutrauten, vergaßen sie oft die Armen in ihrem eigenen Lande. Da hatten sie einer Welt von Abhängigen und Unterworfenen ihr Glaubensbekenntnis entgegengestellt, daß alle Menschen gleich und mit unveräußerlichen Rechten begabt geboren seien – an die gleichen Rechte für ihre schwarzen Mitbürger wagten sie sich aber nur zögernd heran.

Da war eine Nation, in der die Selbstverwirklichung des einzelnen, frei von fremden Einflüssen, alles galt; da war aber ganz offenbar auch eine Gesellschaft, von deren Meinung man in besonderer Weise Besitz ergreifen konnte. Und da war schließlich eine Nation, bei der die Vorstellung von Stärke und Hilfsbereitschaft fast zur Identität zusammenwuchs, die in ihren internationalen Entscheidungen aber auch in den Ruf geriet, einfältig und kurzsichtig zu handeln, ja geradezu darum bemüht schien, ihr Wissen und ihre Erfahrung um die menschliche Natur und die Macht von Fall zu Fall zu vergessen.

Die Last, mit diesen Widersprüchen zu leben, wird unseren amerikanischen Freunden nicht leichter dadurch, daß andere, auch wir Europäer, mit dem Finger auf diese Probleme zeigen. Nicht nur, daß die hilfreichen Amerikaner für diesen oder jenen zu den häßlichen Amerikanern wurden, weil die Welt ärmer und sie reicher geworden waren. Nicht nur, daß sie enttäuschte Liebe da und dort zu spüren bekommen, wo man das amerikanische Ideal verblassen sieht; der amerikanische Traum wird nicht nur von Amerika geträumt. Nicht nur, daß sich die Amerikaner ihren Entschluß zum Handeln und zur Tat vorhalten lassen müssen von so manchem, dem sein Nichtstun aus Mangel an Mut und Mitteln schon eine moralische Kategorie dünkt. Sie müssen sich auch noch jeder Kritik an ihrer Geschichte öffnen vor Leuten, die weder die Geschichte Amerikas noch ihre eigene übersehen. Ich meine, es würde uns Europäern bei Betrachtung etwa der amerikanischen Rassenfrage ganz gut anstehen, ein wenig mehr zu wissen über die Versuche, den Farbigen zu einem amerikanischen Bürger zu machen, zu einem Zeitpunkt, als in Europa weithin noch Leibeigenschaft herrschte und auch Weiße, woran wir uns heute erinnert haben, wie Sklaven gehandelt wurden. Und wir sollten uns auch bewußt sein, daß zur Zeit der Unabhängigkeitserklärung noch Hexenprozesse in Europa möglich waren und die französischen Revolutionsedikte den Kolonien die Freiheit zunächst ausdrücklich vorenthielten.

Sosehr nun auch Gefühle das Leben der Völker untereinander bestimmen, sowenig sollten sie uns allein für eine verläßliche Analyse unserer Gegenwart dienen. Wenn wir uns aber die Tatsachen und Erfahrungen unserer Zeit für Amerika ansehen, dann scheinen mir zwei Umstände doch von besonderem Gewicht.

Soviel auch auf dieser Welt zu tun bleibt – ein unbekanntes Amerika ist nicht mehr zu erobern. Das Land ist gewonnen und verteilt. Man muß sich zu Hause einrichten. Soweit Freiheit freie Entfaltung auch über die Grenzen hinweg war, sind die Grenzen der Freiheit neu gezogen. Und so wie Europa am Ende seines Rückzuges aus der Welt steht, so steht Amerika am Ende seines Aufbruchs in seine Welt. Keine Generation von jungen Amerikanern wird mehr in dem Antrieb leben, sich ihre Welt von Grund auf neu erschaffen zu können. Die Erfahrung von den neuen Grenzen wird eine wesentliche Erfahrung dieses Jahrhunderts sein, eine Erfahrung, die sich auch an geographischen Tatsachen mißt, aber keineswegs allein aus der Geographie heraus erlebt wird. Es sind die Dimensionen, in denen sich heute Leben, Arbeit und Wirtschaft organisiert haben, die die neuen Grenzen ziehen. Und es sind auch die Dimensionen der Rivalität und des möglichen Konfliktes zwischen den Mächtigen dieser Erde, die die Grenzen für die Kräfte einer einzigen Nation neu abstecken.

Und die andere Erfahrung – sie scheint mir für unsere Betrachtung die wichtigste zu sein –: Der Geist unserer Zeit, er will sich allem Anschein nach vom Geist der Freiheit zunehmend abwenden. Das Wort von der Freiheit führt zwar jeder im Munde; fragen wir aber nach den Idealen, so ist es nicht der Ruf nach der Freiheit, sondern der nach der Gleichheit, der diese Zeit bewegt. In den letzten Jahrzehnten sind mehr Unabhängigkeitserklärungen unterzeichnet und verlesen worden als je zuvor. Für die Gleichheit war man allerorten sensibel. Ob das Maß an Freiheit damit zugenommen hat, wird man füglich bezweifeln dürfen. Die großen Revolutionen dieses Jahrhunderts, sie waren eine Bewegung auf die Gleichheit hin, eine Gleichheit, die die Frage nach dem Sinn dieses Gleichseins für den einzelnen Menschen, wenn überhaupt noch, wider seine Natur stellte. Seither liegen sich die beiden Schwestern Gleichheit und Freiheit in aller Erbitterung in den Haaren – das Dilemma unseres Jahrhunderts!

Welche Chance hat die Freiheit, von der ich meine, daß sie die Chance und das Glück der amerikanischen Geschichte war? Verläßt das Glück Amerika? Zerbricht der amerikani-

sche Traum? Nun, ich hätte mich nicht zu unserem Thema bekannt, wenn dies mein Schluß wäre.
Vor einhundertsechsunddreißig Jahren, nach jahrelangem Studium der Entwicklung in Amerika und Durchdenken der Entwicklungsmöglichkeiten demokratischer Staaten, entwarf *Tocqueville* einen Alptraum, auf den – wie er sagte – die Begriffe Despotie und Tyrannei nicht mehr paßten. Er schrieb von einer unübersehbaren Menge ähnlicher und gleicher Menschen, die sich rastlos um sich selbst drehten, um sich kleine und gewöhnliche Freuden zu verschaffen, die ihr Herz erfüllten. Jeder von ihnen sei ganz auf sich zurückgezogen und dem Schicksal aller anderen gegenüber wie unbeteiligt. Seine Kinder und Freunde seien für ihn die ganze Welt. Seine übrigen Mitbürger seien zwar bei ihm, aber er sähe sie nicht mehr, er berühre sie, aber er spüre sie nicht. Er lebe nur in sich und für sich selbst, und wenn ihm auch noch eine Familie bleibe, so könne er nur noch sagen: ein Vaterland habe er nicht mehr. Die Gesellschaft sei unter Vormundschaft geraten, deren Ziel es sei, den Gebrauch des freien Willens überflüssig zu machen und den Bürger allmählich der freien Selbstbestimmung zu entwöhnen.
Den Boden für diese Entwicklung sah *Tocqueville* bereitet durch die Erfahrung, daß allgemeine Gleichgültigkeit die Folge eines Lebens sei, in der sich der einzelne selbst in den Mittelpunkt gestellt habe.
Ist dies die Alternative Amerikas? Gehen wir diesen Weg? Über den Konflikt von Freiheit und Gleichheit ist seit *Tocqueville* viel gedacht und gesagt worden, und weder im Ideal noch in der Realität sind die beiden gänzlich auszusöhnen. In Amerika aber – und das ist hier für uns das entscheidende Geschehen – wandern sie aufeinander zu. Auch der Kritiker der amerikanischen Szene wird einsehen müssen,

daß die Gleichheit der Lebensumstände aller – sicher ein Stiefkind der amerikanischen Historie – in Amerika in Freiheit und ohne Verlust der Freiheit eine weit höhere Ebene erreicht hat als in irgendeinem anderen Lande. Und auch angesichts aller Spannungen und Widersprüche – wo ist das Land, in dem die Gemeinschaft der Bürger, die Gemeinschaft mit dem Nachbarn, täglich in einem so positiven Bewußtsein erlebt wird wie in den Vereinigten Staaten von Amerika?
Amerika ist von der Vision *Tocquevilles* weit entfernt. In der unbequemen, unauflösbaren Wechselbeziehung des einzelnen Menschen mit seinesgleichen, mit dem Kollektiv, haben die Amerikaner der menschlichen Natur – mit allen ihren Schwächen – die Schlüsselposition zugewiesen und es verstanden, auch in einer Zeit, in der die Freiheit zerredet und die Unfreiheit umgetauft wird, in der die Zeichen für den einzelnen schlecht, für das Kollektiv aber verführerisch gestellt sind, in ihrem Staat die Liebe zur Freiheit, von der *Benjamin Franklin* sprach, lebendig zu erhalten. Den Amerikanern ist es bis auf den heutigen Tag gelungen, die so offensichtlich schwerste Aufgabe menschlichen Zusammenlebens noch am besten zu lösen, nämlich leidlich Ordnung unter Freien zu schaffen und zu erhalten und ein Gemeinwesen nicht vom Zwang allein, sondern von der Einsicht tragen zu lassen.
In diesem Gehäuse hat die Freiheit ihren Rang gegenüber jeder Ideologie des Kollektivs behauptet. Dort, wo diese Willen und Vorstellung menschlicher Gestaltungskraft erstickt, hat jene nicht nur die Fähigkeiten des Menschen in seiner Vielfalt – im Guten und im weniger Guten – geöffnet, sondern ihm auch in allen Kategorien – auch den moralischen – die Wahl gelassen. Und so hat die glückliche Tradition der amerikanischen Geschichte Bestand, daß Freiheit sich nicht

als philosophischer Entwurf rechtfertigen muß, sondern sich als eine historische Erfahrung behaupten kann. Damit wird die Freiheit zu einer Sache ohne Alternative, und hier liegt die Chance der Freiheit. Aus der Deklamation allein lebt sie allerdings so wenig wie eh und je, und wer sie will, der kann und darf am Scheidewege unserer Zeit weder alles auf die Karte der Gleichheit setzen, noch dem der Freiheit eingeborenen Wagnis ängstlich den Rücken kehren.

Demokratie wagen, das ist bei uns ein Schlagwort – aber was ist Demokratie, wenn sie das Wagnis der Freiheit nicht mehr auf sich nimmt? Dort scheiden sich die Geister; jene, die sich und uns einem vielleicht noch gutgemeinten System von Versorgung, Verteilung und Sekurität überantworten wollen, und diese, die für sich und uns die eigene Kraft für ein eigenes Leben – Chance und Risiko zugleich – fordern. Und es ist wohl an der Zeit, uns daran zu erinnern, daß das Wagnis der Freiheit nicht den Unfreien allein überlassen sein darf.

Ist dies noch eine Adresse an die Amerikaner? Mit Sicherheit nicht. Nicht an sie war das Wort *Rousseaus* gerichtet, daß jeder, der auf seine Freiheit verzichte, auch auf seine Pflicht verzichte. Und die Tapferkeit, von der *Perikles* als dem Preis der Freiheit sprach, sie kann nicht die Tapferkeit einer Nation allein sein.

Es mag eine Ironie darin liegen, daß wir im Gedenken an die Unabhängigkeitserklärung der Vereinigten Staaten uns heute bewußt werden, wie wenig unabhängig wir voneinander geworden sind. Amerika und Europa können aus ihrer gemeinsamen Geschichte nicht entlassen werden. Sie sind abhängiger denn je zuvor – der eine kann ohne den anderen nicht überleben, und nur aus der gleichen Anstrengung der Kräfte kann auch die moralische Identität wachsen, die uns über eine Zeit schwankender Sinne und schwankenden Mutes

hinweghelfen wird. Wir erinnern uns: Die 56 Männer in Philadelphia verpfändeten einander Leben, Vermögen, Ehre. Das letzte Wagnis der Freiheit ist heute für Amerika und Europa unteilbar geworden.
Zum 4. Juli 1976 wird es an festlichen Reden nicht fehlen. Wir haben ein großes Stück gemeinsamer Geschichte zu feiern. Vergessen wir dabei nicht, daß die große Nation Amerika sich immer ein großes Herz für uns Europäer bewahrt hat. Begegnen wir unseren Freunden mit der Wärme, die so deutlich ein Teil ihres Charakters ist. Denken wir in Europa daran, daß es auch unser Teil ist, die große Tradition der Freiheit auf beiden Kontinenten lebendig zu erhalten, und sehen wir zu, daß auch die jungen Europäer diese Tradition zu ihrer eigenen machen und sich damit zu einem Leben bekennen ohne Mißtrauen, ohne Neid und ohne Furcht.

EUROPA UND ASIEN

Europa und Asien – die Dimensionen dieses mir von den wohlmeinenden Herren der Financial Times zugeteilten Themas sind nicht gerade bescheiden, mag man sie geographisch, geistig, politisch oder ökonomisch sehen. Die zur Verfügung stehende zeitliche Dimension einer knappen halben Stunde macht das Vorhaben, sie auszumessen, vollends illusorisch.

Wenn wir dennoch die zwei Kontinente zugleich in Augenschein nehmen, so drängt sich zunächst die Frage auf, ob das so gegensätzliche Paar, der ungeduldige, neugierige Kontinent Europa und das große, geduldige Asien einander näherkommen oder sich voneinander fortentwickeln. Ganz sicher: Es ist die Dynamik der technischen und ökonomischen Entwicklung der letzten Jahrzehnte, die so manches überkommene Urteil obsolet werden ließ, so daß wir unser Bild voneinander auch in Zukunft ständig korrigieren müssen. Die alte Formel von dem Gegensatz Ost/West hat für das Verhältnis Asiens zu Europa schon deshalb ausgedient, weil die größte Kraft und Macht des Westens von Ihnen in Asien aus gesehen nicht westlich, sondern östlich liegt. Die Formel vom Ost/West-Gegensatz ist heute vielmehr die Kennzeich-

---

Deutsche Fassung eines Vortrags anläßlich einer weltwirtschaftlichen Konferenz der Financial Times in Manila/Philippinen am 30. 9. 1976

nung einer politischen Spaltung, die durch alle Kontinente verläuft und Grenzen mitten durch die Völker zieht. In der dahinterstehenden grundlegenden Fragestellung, nämlich zu welchem Ziel letzten Endes Menschen leben, gibt es also keinen Gegensatz zwischen unseren Kontinenten, sehr ausgeprägt aber innerhalb dieser Kontinente. Der Brückenbau über die Gräben hinweg ist schwierig, bei Ihnen wie bei uns. Es scheint allerdings, daß man in Asien noch eher die Kunst beherrscht, sich über das Trennende hinweg zu verstehen.
In sich geschlossene Einheiten sind Europa und Asien heute weniger denn je, wobei für Sie Europa aus der Ferne geschlossener wirkt, als es der Realität entspricht, und wohl auch größer, als es tatsächlich ist – zweifellos eine Umkehrung der sonst geltenden Gesetze der Optik.
Ein anderes: Die Entwicklungsstufen sind sowohl innerhalb Europas als auch innerhalb Asiens sehr unterschiedlich. Man kann längst nicht mehr davon sprechen, daß Asien schlechthin noch nicht entwickelt, Europa aber der entwickelte oder gar schon überentwickelte Kontinent sei. Hier wie dort haben wir ein außerordentlich starkes Gefälle – nicht nur festzustellen, sondern zu überwinden. In beiden Kontinenten haben wir Regionen, die über hochentwickelte Technologien verfügen, aber auch solche, die auf dem Fundament alter Kulturen noch in Frühstadien des Wirtschaftens verblieben sind.
Als positiv sollten wir, so meine ich, vor allem vermerken, daß beide Kontinente aus der Kraft ihrer Geschichte und ihrer so vielfach verbundenen Zivilisationen heraus mit gewachsenem Selbstbewußtsein zunehmend aufeinander zugehen. Und ihre Begegnung ist heute ganz sicher entspannter, gelassener, zugleich aber intensiver und fruchtbarer als vor etwa drei oder vier Jahrzehnten.

Das gilt nicht zuletzt für diejenigen Bereiche, in denen wir uns als echte Konkurrenten treffen, im Wettstreit der Technik und der Ökonomie. Wo früher Einbahnstraßen verliefen, bewegt sich heute ein lebhafter Gegenverkehr, nicht nur im Handel und im Tourismus, sondern auch in der gegenseitigen industriellen Beteiligung und Kooperation, für die heute nicht zuletzt die große Interessennahme asiatischer – insbesondere japanischer – Unternehmen in der europäischen Wirtschaft kennzeichnend ist. Dabei scheint mir, daß sich die Europäer alles in allem etwas offener für asiatische Initiativen einstellen, als es umgekehrt für die industrielle Beteiligung Europas in Asien der Fall ist.
Lebendiger geworden sind aber auch die Begegnungen des großen kulturellen Erbes beider Welten, das zu keinem Zeitpunkt der Geschichte in so großer Breite erkannt und anerkannt wurde wie heute. Wesentliche Elemente der asiatischen Kultur sind Bestandteil des Lebens in Europa geworden, wie wesentliche Teile des europäischen geistigen und künstlerischen Lebens – denken wir nur an die Musik – in weiten Teilen Asiens eine neue, eine weitere Heimat gefunden haben.
Nähern wir uns nun wieder der wirtschaftlichen Perspektive, die uns hier zusammengeführt hat, so scheint mir die Feststellung berechtigt, daß beide Kontinente, nach Überwindung mannigfacher Schwierigkeiten, an der Schwelle eines wieder verstetigten Wirtschaftsablaufs stehen. Wir haben die Erfahrung gemacht, daß nicht jeder von uns seine eigene Krise haben kann, sondern daß wir als Teilnehmer der Weltwirtschaft in Erfolg und Mißerfolg auf das engste miteinander verbunden sind. Dies wird für unsere künftigen Überlegungen vielleicht die bedeutendste Erkenntnis bleiben. Beide befinden wir uns in einem Zustand der Erholung und der

Neuorientierung, und von diesem positiven Trend sollten alle, sollte auch die Weltwirtschaft in ihrer Gesamtheit profitieren können. Man beginnt wieder längerfristig zu denken, und in jeder weiterblickenden weltwirtschaftlichen Perspektive muß aus europäischer Sicht das außerordentliche Potential an Ressourcen, an Tüchtigkeit, an Marktchancen in Asien eine zentrale Rolle spielen.

In Asien und in Europa waren – bei aller Divergenz im einzelnen – die wirtschaftlichen und politischen Strukturen offensichtlich stark genug, die weltwirtschaftliche Rezession ohne größere Dauerschäden und in beachtlich kurzer Zeit zu überwinden. Die Inflation wurde auf beiden Kontinenten als die größte Bedrohung des sozialen Lebens erkannt und eingegrenzt. Die verbliebenen Inflationsraten liegen heute in Asien teilweise unter denen in einigen europäischen Ländern. In der für unsere Zukunft entscheidenden Frage der Beschäftigung sehen wir allerdings unterschiedliche Perspektiven. Internationale Statistiken sprechen, sicher nur bedingt vergleichbar, heute von 9–10 Millionen Arbeitslosen in Europa und 40 bis 50 Millionen registrierten Arbeitssuchenden in Asien, was immerhin einer mehr als doppelt so hohen Arbeitslosenquote wie in Europa entspricht. In Europa wird dieses Problem angesichts der beginnenden Rückläufigkeit der Bevölkerungszahlen auf Dauer sicher leichter zu lösen sein als in den asiatischen Ländern, die sich weiterhin einer stark wachsenden Bevölkerung gegenübersehen.

Erlauben Sie nun dem Gast aus Europa einige Anmerkungen zur Situation auf unserem Kontinent. Die Europäische Wirtschaftsgemeinschaft, 1958 durch die Verträge von Rom begründet, nimmt heute – trotz mancher Schwierigkeiten und Enttäuschungen – einen gefestigten Platz in der Weltwirtschaft ein.

Sie verfügt unter allen Staaten und Staatengruppen mit 35% über den größten Anteil am Welthandel, und sie hat inzwischen auch einen etwa gleich hohen Anteil am gesamten Sozialprodukt der westlichen Industrieländer erreicht. Mit dieser Relation steht sie nicht mehr allzuweit hinter den USA zurück, die etwa 42% des Sozialprodukts der Industrieländer erstellen.
So gut wir auch als Wirtschaftsraum dastehen, so bescheiden ist das politische Gewicht der Europäischen Gemeinschaft, und an der Nahtstelle von Politik und Wirtschaft, bei der Währung, sehen wir überdeutlich, wie bescheiden der europäische Status noch ist. Die Schaffung einer einheitlichen Währung ist nicht geglückt, aber wir haben immerhin begriffen, daß der Schlüssel zu jedem wirtschaftlichen und politischen Erfolg für uns unabweislich in der Lösung der Währungsfrage liegt.
Daß ein wesentlicher Teil Europas eines Tages auch zu einer politischen Einheit werden sollte – dieses Ziel haben wir nicht aus dem Auge verloren. Die Europäer wollen Europa, das weist jede seriöse Meinungsumfrage immer wieder aus. Eines unserer Probleme besteht darin, daß unsere Bürokratien national erzogen sind und sich immer noch national orientieren. Gleichwohl: Die Direktwahl eines europäischen Parlaments steht im Jahr 1978 auf der Tagesordnung. Hohe Anerkennung verdient der belgische Ministerpräsident Leo Tindemans für seine mit großem persönlichen Engagement betriebenen Bemühungen, die vorwärtsstrebenden Kräfte auf die Schaffung eines bundesstaatlichen Europa in den 80er Jahren zu konzentrieren.
Eines unserer vorrangigsten ökonomischen Probleme in Europa ist die Tatsache, daß wir wie kein anderer Kontinent abhängig sind von der Zufuhr von Rohstoffen und Energie. So

gütig die Natur in Europa uns mit einem ausgeglichenen Klima bedacht hat, so kärglich sieht es bei uns unter der Erde aus: Unter dem Boden Europas liegen keine großen Schätze. Einige wenige Zahlen mögen dies und zugleich die bereits stattgefundenen Gewichtsverlagerungen verdeutlichen: Vor 100 Jahren produzierte und verbrauchte Westeuropa nicht weniger als 70% der Weltstahlversorgung. Dieser Anteil ist bis heute auf 25% zurückgegangen. Den Rohstoff Eisenerz aber gewinnen wir in Europa nur zu 13%. Bei anderen Metallen ist die Diskrepanz noch weit größer. An Aluminium, Blei, Kupfer, Zink, Zinn und Nickel verarbeitet die europäische Industrie im Durchschnitt etwa 30% des Weltvolumens; was wir davon selbst fördern, fällt schon fast unter die Kategorie der Spurenelemente.

Westeuropas Anteil am Weltenergiebedarf beträgt 20%, der Anteil an den Energiereserven aber nur 5%. Angestrebt wird, unter dem Eindruck der nach Preis und Menge so offenkundig gewordenen Abhängigkeit, eine Reduzierung des Importanteils an der Energieversorgung von jetzt über 60% – bei Erdöl allein 90% – auf unter 50%. Die Erschließung der Energiereserven in der Nordsee wird uns ein gutes Stück voranbringen. Dennoch werden wir 1985 günstigstenfalls 20% des Energiebedarfs der EG-Länder mit Nordsee-Öl und -Gas decken können.

Alle diese Gegebenheiten unterstreichen das vitale Eigeninteresse Europas an einem möglichst störungsfreien Welthandel und an fundierter, dauerhafter Zusammenarbeit mit denjenigen Ländern, die seine Bedürfnisse komplementär erfüllen können – als Rohstofflieferanten und als wachsende Absatzmärkte; denn Europa wird schon auf Grund der sich abzeichnenden Bevölkerungsentwicklung und der Trends in der Technologie künftig noch mehr als bisher auf den Export

angewiesen sein. Diejenigen Produkte, die Europa auch in 10 und 20 Jahren noch mit komparativen Vorteilen wird herstellen können, lassen sich mit Sicherheit in rationellen Mengen nur außerhalb Europas absetzen.
Gleichzeitig wird sich Europa seiner Verpflichtung zur Unterstützung des Entwicklungsprozesses in den Ländern der Dritten Welt immer stärker bewußt. Welche Wege bei der Zusammenführung dieser Interessen beschritten werden können, dies wird Regierungen, Unternehmen und Banken in den kommenden Jahren vorrangig zu beschäftigen haben. Die Europäische Gemeinschaft, keineswegs nur mit sich selbst befaßt, hat wichtige Akzente für eine gemeinsame Entwicklungspolitik gesetzt. 1971 wurde ein allgemeines Präferenzsystem, das 85 Entwicklungsländer begünstigt, eingeführt. Seitdem sind diese Präferenzen schrittweise verbessert und ausgebaut worden. Im kommenden Jahr werden fast 300 landwirtschaftliche Erzeugnisse mit einem Handelsvolumen von 1,3 Milliarden US-Dollar in das System einbezogen sein. Insgesamt können die Entwicklungsländer ab 1977 mit zollfreien Einfuhrmöglichkeiten im Gegenwert von 7,2 Milliarden US-Dollar in die Länder der Europäischen Gemeinschaft rechnen.
Einen weiteren wesentlichen Schritt stellt das 1975 abgeschlossene Abkommen von Lomé dar. Durch diesen Vertrag wurde mit 46 Staaten Afrikas, der Karibik und des pazifischen Raumes für zunächst fünf Jahre auf der Grundlage völliger Gleichberechtigung ein multinationaler Freihandel sowie eine enge finanzielle, technische und industrielle Zusammenarbeit vereinbart.
Man sollte dieses Abkommen von Lomé aus der Sicht Südostasiens nicht negativ werten: Es stellt in keiner Weise eine Abkapselung, sondern einen signifikanten Schritt in Rich-

tung weltweit zu verbessernder Kooperation zwischen Industrie- und Entwicklungsländern dar. So wie die Europäische Gemeinschaft selbst sich immer als offen für neue Mitglieder verstanden hat, so sollte auch das Abkommen von Lomé nur als ein Zwischenstadium gesehen werden. Es sieht ausdrücklich vor, daß jeder Staat, dessen Wirtschaftsstruktur mit derjenigen der sog. AKP-Länder übereinstimmt, dem Abkommen beitreten kann. Unabhängig davon werden zunächst weitere bilaterale Handelsabkommen der EG mit einzelnen Entwicklungsländern angestrebt, wie sie z. B. seit dem vorigen Jahr mit Jordanien, dem Libanon, Syrien, Bangladesh, Sri Lanka und Pakistan abgeschlossen wurden.

Mit großem Interesse verfolgen wir in Europa die Integrationsbestrebungen in anderen Wirtschaftsräumen. Die Association of South East Asian Nations (ASEAN; Indonesien, Malaysia, Philippinen, Singapur, Thailand) scheint mir ein Modellfall für realistische Politik in der richtigen Richtung zu sein. Einige europäische Erfahrungen werden der ASEAN von Nutzen sein können, anderes werden wir Europäer von diesem südostasiatischen Verbund lernen können. Alles, was ich über die gegenseitigen Kontakte von ASEAN und EG höre, stimmt zuversichtlich. Die ASEAN-Länder haben in den letzten Jahren bereits bemerkenswerte Erfolge erzielt, die zunehmend auch in der wieder aufwärtsgerichteten Tendenz der Währungsreserven ihren Niederschlag finden. Damit wurde eine gute Voraussetzung dafür geschaffen, daß in Ergänzung der hohen eigenen Kapitalbildung weiterhin und verstärkt auch ausländisches Kapital für die künftigen Aufgaben interessiert werden kann.

Lassen Sie mich an dieser Stelle vielleicht einige grundsätzliche, das Verhältnis Europas zu Asien aber entscheidend mitberührende Anmerkungen zur Diskussion um eine

Neuordnung der Weltwirtschaft machen. Die Einstellung Europas, ohnehin oft noch mehrstimmig vorgetragen, wird in diesem Gespräch offensichtlich nicht immer verstanden. Wir haben volles Verständnis dafür, daß die noch weniger entwickelten Länder ihren wirtschaftlichen Rückstand gegenüber der industriellen Welt beschleunigt aufholen wollen, möglichst in einem großen Sprung, wie er den OPEC-Ländern zweifellos zu Lasten der übrigen Welt gelungen ist. Mehrere solcher Sprünge müßten aber das noch immer gestörte Gleichgewicht der Weltwirtschaft ernst- und dauerhaft gefährden.

Die Hauptprobleme der meisten Entwicklungsländer liegen in ihrem wenig differenzierten Angebot an Exportgütern, in ihren chronisch defizitären Leistungsbilanzen auf Grund hohen Importbedarfs und in ihrem Kapitalmangel, dies alles vor dem Hintergrund der bereits erreichten hohen Verschuldung.

Die Lösung dieses Bündels von Problemen sieht man auf seiten der Entwicklungsländer in erster Linie in der Erhöhung und Verstetigung der Erlöse aus Rohstoffexporten, in verstärkter Industrialisierung und Diversifizierung des Exportangebots gegenüber möglichst weit geöffneten Märkten, mit der exakt bezifferten Vorstellung, daß der Anteil der Industrieproduktion der Entwicklungsländer an der Welt-Industrieerzeugung von zur Zeit 7% auf 25% im Jahre 2000 steigen müsse.

Ich glaube, es gibt unter den in Europa Verantwortung Tragenden niemanden, der dem Grundgedanken einer beschleunigten wirtschaftlichen Emanzipierung der Entwicklungsländer nicht zustimmt. Es ist auch längst erkannt, daß dieser Vorgang einen strukturellen Wandel in den Industrieländern erfordert, der – so meinen wir – allerdings geordnet und in Etappen vor sich gehen muß. Nur wenn wir auf allen Kontinenten Arbeit und Einkommen sichern, können wir im Austausch unserer Leistungen besser leben. Fällt einer von uns zurück, so müssen wir alle warten.

Der gemeinsam anzustrebende Erfolg läßt sich aber mit mancher der vorgeschlagenen Maßnahmen kaum erreichen. Die Heraufsetzung, Kartellierung oder Indexierung der Rohstoffpreise würde die regulierenden Marktkräfte ausschalten, also einen Verzicht auf diejenigen Mechanismen bedeuten, ohne die fundierter wirtschaftlicher Fortschritt nach unserer Überzeugung auch im Weltmaßstab nicht gedeihen kann. Jedes Erzeugerkartell ruft bekanntlich Gegenmaßnahmen der Verbraucher hervor, und den Weltmarkt abschaffen hieße allen mehr nehmen, als einzelne gewinnen können.

Die Vorstellung, wichtige Rohstoffpreise an einen »Weltinflationsindex« zu koppeln, hat zweifellos etwas Bestechendes für sich, wie ja auch Indexbindungen auf nationaler Ebene unter dem Aspekt der »sozialen Gerechtigkeit« ihre Anhänger gefunden haben. Fast spöttisch wird den Industrieländern von den Index-Befürwortern dargelegt, daß sie es bei einem solchen System ja letztlich selbst in der Hand hätten, wie stark die Rohstoffpreise künftig steigen würden. Lassen wir uns von solchen Vorstellungen nicht irritieren. Wir wissen aus Erfahrung, daß Indexbindungen keineswegs stabilisierend wirken, sondern allenfalls eine elegante Form des Selbstbetrugs darstellen und die Inflation beschleunigen. Und auf Inflation sollten auch die Entwicklungsländer ihre Hoffnungen nicht setzen, weder in ihrer nationalen Wirtschaftspolitik noch in dem hier speziell angesprochenen Bereich.

Ein System von Ausgleichszahlungen für Mindererlöse aus Rohstoffexporten im Vergleich zu einer Referenzperiode, wie es die EG im schon erwähnten Abkommen von Lomé mit den beteiligten Ländern vereinbart hat, dürfte viele Nachteile anderer Modelle vermeiden, so die Begünstigung rohstoffreicher Industrieländer oder kraß unterschiedliche Auswirkungen auf die einzelnen Entwicklungsländer. Ich meine, daß von hier aus weiter nachgedacht und zu vernünftigen Konzepten vorgestoßen werden sollte. Der Aufwand, den insbesondere die europäischen Industrieländer zu tragen haben, wäre auch bei einer solchen Lösung beträchtlich.

Vom Bankier aus Europa erwarten Sie, meine Damen und Herren, wohl nicht zuletzt einige Überlegungen zu den finanziellen Beziehungen, die unsere beiden Kontinente verbinden und sicher noch enger zusammenführen werden. Lassen Sie mich mit der einen Leser der »Financial Times« wohl kaum überraschenden Feststellung beginnen, daß Europa auch seine Finanzierungssorgen hat. Der in unserem Teil der Welt vermutete Kapitalüberschuß existiert nicht, er existiert jedenfalls nicht in der Form, die den Erfordernissen der interkontinentalen Finanzierung in den anstehenden Größenordnungen ohne weiteres gerecht zu werden vermöchte. Dieser offenkundige Mangel konnte und kann für die europäischen Banken natürlich keine Antwort sein. Er war vielmehr einer der wesentlichen Gründe, die zur Kräftigung des Euromarktes führten, eines Marktes, der zwar als europäische Einrichtung firmiert, nach der Zusammensetzung seiner Teilnehmer und der Reichweite seines Angebots heute aber eher als Weltmarkt, als Drehscheibe mit weltweitem Radius, zu bezeichnen wäre. Er ist ein Markt der Überschüsse, der nicht zuletzt deshalb so attraktiv ist, weil er sich relativ frei von Interventionen bewegen kann, wie sie über die nationalen Geld- und Kapitalmärkte leider immer wieder störend hereinbrechen.

Dem Euromarkt ist seit seinem Bestehen innerhalb und außerhalb Europas viel Skepsis entgegengebracht worden. Gleichwohl ist dieser Euromarkt über alle Schwierigkeiten hinweg stetig weiter gewachsen, und mit seinem Volumen von jetzt schätzungsweise 270 Mrd. $ stellt er ein außerordentlich gewichtiges und flexibel einsetzbares Potential für internationale Finanzierungen fast jeder Art dar. Seine wesentlichen Träger sind, direkt oder indirekt – etwa über ihre Tochtergesellschaften in Luxemburg – die großen Geschäftsbanken der Welt; für die Beurteilung seiner Stabilität ist dies ein sicher nicht zu unterschätzendes Strukturmerkmal. Überdies haben längst auch die Notenbanken den weltwirtschaftlichen Nutzen des Euromarktes erkannt, und es gibt auch von ihrer Seite offene oder angedeutete Wohlwollenserklärungen.

Erfreulicherweise haben in den letzten Jahren zunehmend auch asiatische Länder den Euro-Geld- und Kapitalmarkt in Anspruch genommen, unter ihnen – neben Japan – die Philippinen, Malaysia, Singapur, Korea und Indonesien. Desgleichen trat die Asian Development Bank wiederholt als Darlehensnehmer auf. Dieses Institut, an dessen Kapital bekanntlich zwölf europäische Länder beteiligt sind, hat im Zusammenhang mit der vorgesehenen Kapitalerhöhung vor kurzem angekündigt, daß es künftig die internationalen Finanzmärkte verstärkt in Anspruch nehmen will, und ich bin sicher, daß es dabei jede Unterstützung erfahren wird. Die Asian Development Bank ist von ihrer Konzeption, Struktur und Erfahrung her in geradezu optimaler Weise geeignet, als Bindeglied zwischen Europa und Asien zu fungieren.

Insgesamt haben sich nach den Angaben der Weltbank die internationalen Konsortialkredite und Anleiheemissionen für Asien und den pazifischen Raum von 1974 auf 1975 von 3,4 Mrd. $ auf 6,8 Mrd. $ verdoppelt.

Auch in den Büchern der deutschen Kreditanstalt für Wiederaufbau – dies sei mir hier einzuflechten erlaubt – spielt Asien eine zunehmend prominente Rolle. Von den gesamten Kapitalhilfedarlehen, die dieses Institut im Auftrag der deutschen Bundesregierung ausreicht, entfielen nach dem Stand von Ende 1975 11,5 Mrd. DM, das sind mehr als 50%, auf asiatische Länder. Asien ist also wohl endgültig jetzt auch bei den Institutionen, auf die es ankommt, entdeckt worden.
Wenn vom Euro-Dollar-Markt die Rede war, dann muß – eigentlich im gleichen Atemzug – auch der Asien-Dollar-Markt gebührend hervorgehoben werden. Man bezeichnet ihn gern als den Junior-Partner des Euromarktes, und Partner arbeiten in aller Regel zusammen und nicht gegeneinander. So sollte auch die Koexistenz dieser beiden Märkte verstanden werden. Immerhin hat der Asien-Dollar-Markt in den acht Jahren seines Bestehens bereits ein Volumen von etwa 15 Mrd. $ erreicht und sich als ebenso stabil erwiesen wie sein europäisches Gegenstück. Der ursprüngliche und durchaus berechtigte Gedanke war wohl, hier in Asien ein Sammelbecken zu schaffen, das den Abfluß von Geldern nach Europa und in andere Erdteile bremsen sollte, nicht mit Gewalt und Kontrollen, sondern eben mit den Kräften eines leistungsfähigen Marktes. Dieses Vorhaben ist gelungen, und die Finanzierungsmittel werden künftig – davon bin ich überzeugt – noch stärker in der Gegenrichtung, also nach Asien fließen.
Wenn sich ein europäischer Bankier hier einen Rat erlauben darf, dann den: Lassen Sie Ihre Finanzmärkte so frei wie möglich, halten Sie den Zugang offen, oder öffnen Sie ihn, wo dies noch nicht geschehen ist. Alle Erfahrung zeigt, daß Konkurrenz und Kooperation im Finanzwesen sich gegenseitig bedingen, daß jedes statische Denken verfehlt wäre: es

sind hier nicht irgendwelche fertigen Portionen zu verteilen; dynamisches Wachstum der Märkte muß das Ziel sein, und dies läßt sich nur erreichen, wenn möglichst zahlreiche Verbindungen erschlossen, Ressourcen genutzt und das Knowhow vieler eingesetzt werden.

Die großen europäischen Banken haben ihre Mitverantwortung für diese Region – und natürlich auch ihre Chancen in dieser Region – erkannt. Dies wird offenkundig in den während der letzten Jahre hier errichteten Niederlassungen, Repräsentanzen, Finanzierungsgesellschaften sowie im Eingehen von Beteiligungen an solchen Institutionen. In der Zahl derartiger Stützpunkte können und wollen wir Europäer uns mit den großen US-amerikanischen Banken nicht messen; wir glauben aber doch, daß wir sehr konzentriert einen nicht unwesentlichen Beitrag zur Fortentwicklung und weltweiten Integration des asiatischen Raumes leisten können. Asien bietet dem kreativen, vorausschauenden europäischen Bankier eine Fülle von stimulierenden Möglichkeiten, bewährte und neu zu entwickelnde Finanzierungskonstruktionen miteinander zu verbinden. Die Risiken werden wir dabei gleichwohl nicht aus dem Auge verlieren.

Mit Interesse verfolgen wir in Europa natürlich auch die Rivalität zwischen den großen, traditionsreichen Hauptstädten Asiens um die führende Position als Finanzzentrum. Lassen Sie mich dazu nur eines anmerken: Wir in unserem kleinen Europa sind längst von der Vorstellung abgekommen, daß es *ein* großes Finanzzentrum geben müsse. London, von den kontinentalen Bankiers unverändert bewundert und geliebt, spielt weiterhin einen maßgeblichen Part. In Luxemburg und Zürich ist aber lebhafte Konkurrenz entstanden, und Städte wie Amsterdam, Brüssel, Frankfurt, Mailand und Paris sind gleichfalls zu bedeutenden Finanzplätzen geworden. Ihrer

Erinnerung sollten Sie entnehmen, wo Sie zuletzt die besten Erfahrungen gemacht haben. Wir glauben nicht, daß die Effizienz im internationalen Bankgeschäft durch eine solche Dezentralisierung leidet. Im Gegenteil: Vorteile, die etwa die Gesetzgebung und das unterschiedlich ausgerichtete wirtschaftliche und finanzielle Potential der einzelnen Länder bieten, lassen sich so besser nutzen. Die Schlußfolgerung für den asiatischen Raum, für Tokio, Singapur, Hongkong und Manila, liegt nahe.

Nicht minder wichtig als die finanzielle Basis ist für den Prozeß der wirtschaftlichen Fortentwicklung Asiens natürlich die direkte Unterstützung durch Transfer von Technologie für Industrie und Landwirtschaft. Das Schwergewicht des Zusammenwirkens wird bei verstärkten Direktinvestitionen europäischer Unternehmen in Ihren Ländern liegen müssen, insbesondere in Form von joint ventures. Wir sind uns sehr wohl bewußt, daß gerade auf diesem Gebiet noch ein erheblicher Nachholbedarf besteht. Solche Aktivitäten können aber nicht einfach angeordnet werden. Es bedarf auf beiden Seiten der Schaffung und Wahrung eines Vertrauensklimas als Grundlage für die Investitionsentscheidungen, es bedarf der Ausdauer und der Beharrlichkeit im gegenseitigen Kennen-und Überzeugenlernen, und es bedarf oft auch sehr konkreter materieller Anreize zur Überwindung der Eingangsschwelle. Sehr viel ist schon geschehen. Die hervorragend organisierten Informationen und Präsentationen südostasiatischer Länder sind in der Geschäftswelt Europas nicht ohne Eindruck geblieben, und wo die Banken um ihre Vermittlerdienste gebeten werden, stellen sie diese wie bisher auch künftig gern zur Verfügung. Die europäischen Regierungen haben ihrerseits steuerliche Erleichterungen und Garantiemöglichkeiten für Investitionen in Entwicklungs-

ländern geschaffen; wenngleich hier noch manche Wünsche offengeblieben sind, so wird das bei den Unternehmen verbleibende Risiko doch zumindest tragbarer gemacht.
Die hinter uns liegende Rezession mit der Beeinträchtigung der Erträge und damit der Eigenkapitalbildung in den Unternehmen hat die Investitionsfähigkeit und die Investitionsbereitschaft ganz allgemein verringert. Erst allmählich zeigen sich auch hier Ansätze zur Erholung. Dies gilt für den nationalen Bereich ebenso wie für internationale Aktivitäten. Um so beachtlicher ist es, daß die deutschen Direktinvestitionen im Ausland während der letzten Jahre relativ konstant mit einem Nominalwert von rd. 2 Mrd. US-Dollar pro Jahr ausgewiesen werden konnten. In den asiatischen Entwicklungsländern hat der Bestand an deutschen Direktinvestitionen jetzt 600 Millionen US-Dollar erreicht. Die Zuwachsraten von 1974 auf 1975 waren beachtlich und lassen hoffen: + 81% in Hongkong, + 48% in den Philippinen, + 28% in Malaysia und in Taiwan, + 17% in Indonesien.
Meine Damen und Herren, ein solcher Überblick, wie ich ihn zu geben versuchte, läßt wohl fast zwangsläufig die helleren Töne, und das sind vor allem unsere Wünsche und Hoffnungen, stärker hervortreten als die Probleme und Sorgen des Alltags. Akzeptieren Sie aber dennoch meine Zuversicht, daß Europa und Asien den richtigen Weg eingeschlagen haben und sich auf allen Ebenen immer häufiger zu konstruktiver Zusammenarbeit begegnen werden. Gerade weil die großen Welt-Organisationen an Effizienz so manches zu wünschen übriglassen, wird es jetzt verstärkt auf eine Vielzahl von Einzelinitiativen ankommen. Es ist sicher kein Zufall, daß gegenwärtig - mit Hauptsitz in Fontainebleau bei Paris – ein Euro-Asia-Center im Entstehen begriffen ist, das auf breiter Basis zu einer Intensivierung der gegenseitigen wirt-

schaftlichen Beziehungen zwischen Asien und Europa beitragen will.
Die Verbindungen zwischen Asien und Europa, vor mehr als zwei Jahrtausenden auf der berühmten Seidenstraße aufgenommen, haben sich vervielfacht, sie sind dichter, komfortabler, schneller und sicherer – dies mit Vorbehalten – geworden, als es noch um die Mitte dieses Jahrhunderts vorausgesehen werden konnte. Die Chronisten berichten, daß eine Karawanenreise auf der Seidenstraße vom Mittelmeer nach China drei bis vier Jahre in Anspruch genommen habe. Von der Beharrlichkeit und Ausdauer dieser frühen Pioniere asiatisch-europäischer Zusammenarbeit sollten wir etwas in unsere Zeit holen, ohne uns auf solche Tugenden zu beschränken: Auch Ungeduld muß uns helfen, voranzukommen.

REDE AUF DEUTSCHLAND UND BREMEN

Bei meinen zugegebenermaßen fragmentarischen Versuchen, mich auf das heutige Ereignis und damit auf die Ehre vorzubereiten, auf so traditionsreichem Boden Ihr Gast zu sein, wurden mir neben einigen freundschaftlichen Ratschlägen über das, was ich in Bremen lieber nicht sagen sollte, gewissermaßen als letzte zusätzliche Warnung die Erinnerungen eines Bremers übermittelt, der seinen Mangel an Zuneigung in der Schilderung der bremischen Szene mit der Aberkennung des Bremer Bürgerrechts bezahlen mußte. Wenn ich nun gleichwohl diesen gefallenen Bremer, einen gewissen Eduard Beuermann, am Anfang meiner Rede zitiere, dann nicht, um etwa in Zweifel zu ziehen, daß hier schnöder Rede der gerechte Lohn zuteil wurde, sondern allein darum, weil Besagter seine »Skizzen aus den Hansestädten« im Jahre 1836 zu Papier brachte und mir auf diese Zeit heute abend einiges ankommt, und außerdem, weil er sein Werk mit der melancholischen Feststellung einleitete:
»Ich sitze hier in Frankfurt am Main in einem Hinterstübchen, weltabgeschieden, und lasse die Hansestädte wie ein wandelndes Bild an mir vorüberziehen. Mein eigentlicher

---

Vortrag anläßlich des 148. Stiftungsfestes der Eiswette von 1829 in Bremen am 15. Januar 1977

Standpunkt ist die Erinnerung. Ich will es versuchen, ihr Leben zu geben, daß nichts Träumerisches in dem Bilde erscheint, sondern die reinste Objektivität.«

Der angeschlagene Status des Versetzten also ist es, der mich an die Seite von Beuermann stellt, und Beklommenheit könnte sich meiner vor dieser Runde bemächtigen, wenn ich nicht aus vielfacher Erfahrung um die Bremer Gastfreundschaft wüßte. Die hanseatische Mitgift, die ich selbst in diese Runde einbringe, sie allein wäre mir hier nicht Schutz genug. Die Urgroßeltern und Großeltern aus dem Herzen Lübecks, das Elternhaus in Hamburg, sie haben mich früh einiges gelehrt über die erdgeschichtlich vergleichbare Substanz, aus der die Hanseaten gemacht sind, über ihre backsteinzeitliche Verbundenheit; sie haben mir aber nicht minder früh zu der Erkenntnis verholfen, daß jede Hansestadt für sich in der Vorstellung lebt, in der nächstgelegenen anderen Hansestadt würden die kleineren Brötchen gebacken – eine Auffassung, die alles in allem zuverlässig dazu beigetragen hat, daß von plumper hanseatischer Vertraulichkeit von Stadt zu Stadt nicht die Rede sein kann.

Was nun das Verhältnis von Bremen und Hamburg im besonderen angeht, so konnte mir in meiner Kindheit schon die Erfahrung nicht erspart bleiben, daß es zwischen den Städten Dimensionsschwierigkeiten gibt, unter denen allerdings – wie ich bald erlernen sollte – die Hamburger deutlich mehr leiden als die Bremer. Sei es, daß die Hamburger durch die Breite oder Länge ihres Stromes – und das sagt unter uns ja über Tiefgang und Schiffbarkeit nichts aus – von Hause aus verwirrt sind, sei es, daß sich der Hamburger als Bewohner eines kleinen Staatswesens schlicht daran erbaut, daß sich sein lieber Nachbar, in Quadratmetern gerechnet, auf noch engerem Raum einrichten muß: im Verhältnis zu Bremen

sieht sich der Hamburger unter einem ständigen Erfolgszwang, und das geht weder im Großen noch im Kleinen immer gut.
Ich würde der Aufrichtigkeit, die uns hier verbindet, einen schlechten Dienst erweisen, wenn ich Ihnen jetzt etwa verschweigen würde, daß meine erste Begegnung mit Bremen aus eben diesem Grunde mit einer herben Erfahrung für mich endete.
Die erste Reise mit meiner Hamburger Schulklasse hatte, einer noblen Tradition folgend, Kopenhagen zum Ziel. Wir waren von dort mit der Erfahrung zurückgekehrt, daß selbst ein zentral gelegenes Nachtleben einen Zehnjährigen schlechterdings überfordert und sich auch aus diesem Grunde in einer fremden Stadt beileibe nicht zugleich alle Türen öffnen lassen.
Unsere zweite Reise galt – auch dieses eine Tradition – der Nachbarstadt Bremen. Hier standen die Zeichen für unser Selbstgefühl nicht schlecht. Wir kannten zwar den frechen Beuermann noch nicht, der sein Bremen etwa dahin beschrieb, es sei eine ernste, gescheuerte Stadt, mit Lindenbäumen vor den Häusern, sonst ziemlich nackt und kahl, gelegen in einer Sandwüste unter Rüben und Braunkohl. Man bilde sich nicht wenig ein auf den Bleikeller unter dem Dom und den Weinkeller unter dem Rathaus, und teile sich im übrigen in Lutheraner und Reformierte, auch wenn man durchaus nichts von der evangelischen Kirche hören wolle. Die Einwohner seien ruhige, bedächtige Leute, sie lebten den Tag über ihren Geschäften und schlössen abends um zehn die Haustüre, um alljährlich wenigstens einmal zum Abendmahl zu gehen. Treffe man aber einen Bremer im Reiche, so könne man 100:1 wetten, daß er ein Weinhändler oder Tabakreisender sei oder in Göttingen oder Heidelberg studiere und

auf Pinkel und Braunkohl schwöre. Wie gesagt – der Beuermann-Report lag uns noch nicht vor; wir reisten im Geiste Karl Baedekers, der übrigens auch einer bremischen Familie entstammte und in seinem einschlägigen Handbuch bereits für das Jahr 1842 feststellte:
»Bremen macht den wohltuenden Eindruck eines regen Bürger- und Geschäftslebens. Der Verkehr ist mit dem großartigen Hamburgs nicht zu vergleichen. Bremen hat aber dafür auch kein Proletariat.«
Und um den Bremer Verkehr ging es uns. Wir rechneten uns in der Eisenbahn nach Bremen fahrend ein ungemeines Vergnügen dahin aus, in Bremen möglichst viele Menschen nach dem Wege zur nächsten U-Bahn-Station zu fragen in der Meinung, damit ein Doppeltes zu erreichen, nämlich einmal in einer ungemein einprägsamen Form die uns gewohnterweise zur Verfügung stehenden Lebensumstände zu erläutern, zum anderen aber den Befragten in eine entsetzliche Verlegenheit zu bringen. Die Rechnung ging nicht auf; die Bremer überhörten uns, die Bremer übersahen uns, die Bremer ließen uns stehen. Erst in hinreichend reiferen Jahren durfte ich ermessen, welche Weisheit die Bürgerschaft eines Staatswesens dann auf sich vereinigt, wenn sie sich von einem derartig dunklen System fernhält; ja, daß es ein Indiz für die Kreditfähigkeit eines Staatswesens sein kann, sich an dieser unterirdischen Verschwendung nicht zu beteiligen – einmal abgesehen von der Frage, wie man um so viele Rotweinkeller herum eine U-Bahn bauen soll.
Damals brachten wir den präzisen Eindruck mit nach Hause: In Bremen gibt man nicht an, eine Einsicht, die sich übrigens im Verlaufe meines Lebens durch einen freundschaftlich und auch kommerziell vertieften Umgang mit Bremen und den Bremern niemals in Frage gestellt, vielmehr nachhaltig erwei-

tert sah durch die Erfahrung, daß in Bremen sowohl das Wort als auch das Schweigen noch einen anderen Rang besitzen als anderwärts, daß hier falsche Töne lange in den Ohren haften, ja sogar Auskunfteien beschäftigen können. Und so ganz frei von Furcht geht der Wanderer nicht mehr durch Ihre schöne Stadt, wenn er der gezielten Verwarnung durch den Landesvater Koschnik eingedenk bleiben will, wonach es harmlos sei, wenn man auf Bremen schimpfe, tödlich aber verlaufen könne, wenn man anfange, über die Bremer zu lächeln.

So ersterbe auch jedes Lächeln unter uns, wenn ich einer alten Weisheit und Erfahrung Bremens nachsinne, nämlich daß in Bremen alles anders sei:

In Bremen sehen bekanntlich die Linken nach dem Rechten; dafür begrüßen die Rechten die Linken als Genossen, ohne Genossen zu sein. Bei dieser Geschäftsverteilung erscheint es nur fair, wenn die Rechten den Linken im übrigen nicht im Wege stehen, sondern die Linken sich mit der ansehnlichen Macht der Gewohnheit gegenseitig behindern. Ja, mehr noch: Wer in Bremen links fährt, fährt gefährlich. Es ist immer einer da, der noch linkser fährt und auf meist rutschiger Fahrbahn links außen überholt. So sorgt man untereinander für Sichtbehinderung. Immerhin, ab und zu fährt sich einer links am Graben so fest, daß er auch von seinen Freunden nur noch nach rechts herausgezogen werden kann, was wiederum den Rechten einige Genugtuung verschafft. Verläßt man aber die vertrauten Straßen und wagt sich aufs hohe Meer hinaus, so nimmt das Risiko der Kollision nicht ab, im Gegenteil:

Es ist des Seemanns Brauch auf großer Fahrt,
der Kleine schleppt in Sturm und Havarie den Großen ab!
Er denkt zwar an sich selbst zuletzt,

doch wenn der Große ihn nach unten zieht,
so gibt die Seenot ihm das Recht,
die Trosse kurzerhand zu kappen.

Herr Präsident, lassen Sie mich hier feststellen, daß außer diesen feinsinnigen Hinweisen weitere politische Bemerkungen von meiner Seite in diesem Zusammenhang nicht vorgesehen sind. Ich möchte mich vielmehr der Balance wegen einer Feststellung von Friedrich Engels anschließen, der bis 1841 hier zu Bremen als kaufmännischer Angestellter wirkte. Auf das Jahr 1841 komme ich noch zweimal zurück, und ich werde Ihnen auch sagen, warum. Friedrich Engels schrieb damals:

»Soviel ich weiß, hat kein namhaftes Journal einen stehenden Korrespondenten in Bremen, und man könnte aus diesem consensus gentium leicht schließen, daß von hier aus nichts zu schreiben wäre. Dem ist aber nicht so.«

Ich bin mir nicht ganz klar darüber, was Engels zum Konzept einer Gegenuniversität ausgesagt hätte, nachdem nun einmal die gesellschaftlich relevanten Propositionen die gruppenspezifischen Toleranzschwellen so tangiert haben, daß sich kommunikative Effekte kompensatorisch eleminieren und sich schon deshalb, wie ich meine, ein sozio-ökonomischer Perspektivplan dahin aufdrängt, in einem Transparenztest in der Kaderschmiede selbst Bügeleisen herzustellen, um alsdann mit dem angemessen erwärmten Gerät die unverkennbar noch auf dem Eise stehende Kuh schrittweise abzutauen. Vielleicht könnte man das dann das Bremer Auftaumodell nennen.

Liebe Genossen, niemand von uns möchte sich hier und heute und sonstwo an heißen Eisen unnötig die Finger verbrennen. Aber die Frage taucht doch für uns alle auf, wonach forschen die forschen Forscher, und was ist uns eine Wissenschaft, die uns nicht mehr Wissen schafft? Mir ist so gar nicht bremisch zumute, wenn ich auf diese Szene schaue. Einer der herausragenden Köpfe Ihrer Geschichte, der große Arnold Duckwitz, bremischer Senator seit 1841 – da ist die Zahl wieder –, ein Mann, der es zum Handels- und Marineminister der Frankfurter Paulskirchenzeit brachte und seinerzeit als der Prototypus des achtbaren Bremer Handelsstandes bezeichnet wurde, er stellte damals fest,

»... daß es für Deutschland notwendiger ist, ein paar tüchtige Seehandelsstädte zu haben, die ihren Beruf erfüllen, als noch einige Universitäten mehr. Lesen, Studieren und Forschen ohne praktischen Zweck ist hier nicht zu Hause und muß da gesucht werden, wo man die Zeit dazu hat.«

Nun, verehrte Freunde, der Weisheit letzter Schluß ist da von Duckwitz nicht gezogen worden. Die Frage allerdings nach dem Verhältnis von Aufwand und Ergebnis, sie gehört mit Sicherheit zu Bremen wie eh und je. Die Toleranz aber, und das wollen wir zugleich feststellen, ist nicht nur das Element, ohne das die Wissenschaft nicht atmen kann; sie ist zugleich die erfreuliche Substanz, aus der die Bremer im wesentlichen zusammengesetzt sind. Diese Substanz läßt sich vielleicht mit Vorrang für die Wirtschaftswissenschaft mobilisieren, von der ein witziger Kopf – diesmal kein Wissenschaftler! – kürzlich bemerkte, sie sei die einzige Wissenschaft, bei der in jedem Jahr auf dieselben Fragen andere Antworten richtig seien. Das scheint mir eine Formel, unter der bremische Praxis und auch bremische Wissenschaft einander tolerieren können.

Nicht Besserwissen ist des Landes Brauch, sondern das gemeinsame Vergnügen am Recht- und Unrechthaben, so wie es auch kennzeichnend für diese Runde ist, daß Gewinner und Verlierer an einer Tafel sitzen, um des Glücks als des ständigen Teilhabers von Gewinn und Verlust einen angemessenen Tribut zu zollen.

Der bremischen Praxis, der bremischen Toleranz – ich selbst verdanke ihr einiges. Ich würde zu weit gehen, wenn ich sagen würde, hier hätte ich als teilzeitbeschäftigter Lehrling in einer wohlansehnlichen Bank die Kunst des Rechnens – wenn überhaupt – erlernt. In der Art und Weise aber, wie man zu Bremen rechnet, bin ich durchaus unterwiesen worden, wie man hier zwischen Wolle, Tabak, Holz, Rotwein und Schiffahrt gilt und gelten läßt. Von dem, was über Bremen durch die Jahrhunderte aufgezeichnet war, fand ich von allem etwas, wenn ich auch beispielsweise für einen Hinweis des Herrn von Knigge, man rede von Bremen als einer Stadt, bis zu der die Aufklärung nicht gedrungen sei, keine Belege fand. Allen Aufzeichnungen über diese Stadt ist eines gemein: Es wird ein breiter Raum dem Essen gewidmet, und ich habe mich dieser ehrwürdigen Tradition immer und nicht ohne Folgen aufgeschlossen gezeigt, wenn mich auch hier weniger beeindruckte, was man zu sich nahm, als die Art und Weise und nicht zuletzt die Dauer des Gastmahls. Der Bremer läßt sich eben nicht ausreden, daß nur der viel trinken kann, der viel gegessen hat. Was dieser Stadt den besonderen Respekt des Durchreisenden abverlangt, das wird immer der Umgang mit dem Wein sein. Hier achtet man nicht nur des Nächsten Weib, sondern auch des Nächsten Weinkeller; mehr noch, man kennt ihn!

Einige Chronisten gehen mit Ihnen, verehrte Bremer, zumindest in der Beschreibung der Zustände des vorigen Jahrhunderts ein wenig salopp um. Da ist von einer »gewissen Gutmütigkeit« zu lesen, aus der sich mehr oder weniger zwangsläufig die Wohltätigkeit ergebe; nun, das mag angehen. Wenn aber bei einem gewissen Doktor der Medizin namens Heiniken zu lesen ist, daß ein Charakterzug der Bremer wiederum eine »gewisse« Rechtlichkeit und eine aus derselben entspringende Ehrlichkeit sei und daß sich der Bremer Kaufmann den Ruf der Rechtlichkeit im Ausland erworben habe, dann drängt sich doch die Frage auf: War das zu Hause nicht möglich? Ich würde meinen, wir sollten den Bremern heute abend dieses Attest auch für das Inland geben, zumal sie nach der Darstellung des gleichen Heiniken um das Jahr 1830 herum überdies sehr rationell mit ihrem eigenen Staat umgingen. Die Vermögenssteuer beispielsweise wurde damals im Wege der Selbsteinschätzung erhoben, und zwar dergestalt, daß jeder seinen Anteil, ohne daß er je nachgezählt wurde, in einen dunklen Kasten warf.

Dunkel bleibt mir allenfalls ein Punkt in der Bremer Geschichte: Diese Stadt ist nicht nur von ihren großen Familien geprägt, man empfindet hier in dieser Stadt auch familiär füreinander, man ist Bremer Familie. Wie aber soll sich der Wanderer zurechtfinden in einer Stadt, die es sich bis 1849 im Artikel 4 ihrer Verfassung angelegen sein ließ, folgendes festzulegen:

»Wenn Jemand aus der Gemeinheit in seine Person angehenden Geschäften seine Verwandten zu versammeln nötig hätte und bedürfte, um sich mit denselben zu beratschlagen, so soll in sothaner Versammlung nichts anderes vorgenommen werden als allein, was ihre Personen und Geschäfte angeht und betrifft.«

Verehrte Bremer, ich frage Sie: Was hat sich damals hier auf Familientagen abgespielt?

Zu wenig scheint mir aufgezeichnet – und dies gilt auch für die Gegenwart –, wie beispielhaft in seiner Bescheidenheit, Sparsamkeit und kaufmännischen Genauigkeit der Bremer auf sich achtet, Bremer und nur Bremer sein will, wie er aber zugleich immer über die Grenzen seiner Stadt hinaus gedacht und gehandelt hat, in Deutschland und in der Welt stets einen aktiven Teil seines Bremer Lebens begriffen hat. Und niemals mußte der Bremer von außen angestoßen werden, seine Aufgaben außerhalb der Stadt stellte er sich selbst. Es wäre nun sehr reizvoll, den großen Charakteren Ihrer Stadt, die ich erlebt habe, meinen Respekt zu bezeugen, Männern, die die Insignien ihrer exemplarischen Sparsamkeit um sich versammelten, täglich ihre Kunst bewiesen, sich nicht zu verrechnen, und in der Tugend, niemals überrascht zu sein, den Bremer Anstand einstellten.

Mir geht es aber hier mehr um die Geschichte, um dem Doppelthema dieser Rede gerecht zu werden. Und da sind es wieder die großen Charaktere, die sich aus der hier angesprochenen Zeit des vorigen Jahrhunderts aufdrängen: die Bürgermeister Smidt und sein Nachfolger Duckwitz.

Smidt war fraglos einer der großen Männer bremischer Deutschland- und Außenpolitik. Er brachte den Rang Bremens bei der Errichtung des Deutschen Bundes an die richtige Stelle, indem er zugleich für die anderen Hansestädte Hamburg und Lübeck und im glücklichen Verbande damit auch für die damalige Freie Reichsstadt Frankfurt sprach. Smidts Philosophie von Deutschland sah den Patriotismus angesiedelt in der übersichtlichen Welt der Stadtrepubliken und Provinzen. Sein Ideal war der Bürger und nicht der Deutsche an sich. In dem »Bürger des städtischen Gemeinwesens« allerdings sah er »Weltoffenheit, Weltbürgertum und Patriotismus eine ideale Verbindung eingehen«.

Smidt war derjenige, der noch in der Goethe-Zeit vor genau 150 Jahren den Bremern und Hannoveranern zugleich die Gründung Bremerhavens abrang, eine Pioniertat, die wie so manches seither in Bremerhaven zunächst um einiges zu groß geriet.

Nachfolger Smidts, des »Vaters von Bremerhaven«, aber war Arnold Duckwitz, eine der herausragenden Persönlichkeiten dieser Stadt, vielseitig auch in seinen wissenschaftlichen Begabungen, groß als Unternehmer und Bürgermeister. Es war sein Teil, sich früh für den Deutschen Zollverein einzusetzen, ohne sogleich bei den Bremern großes Verständnis zu finden. Er sah in der politischen Einigung eine wirtschaftliche Notwendigkeit auch für Bremen. In seinen »Denkwürdigkeiten« heißt es:

»Ein kleiner Staat wie Bremen muß die öffentliche Meinung für sich haben. Er darf nie als ein Hindernis des Wohlergehens der Gesamtheit der Nation erscheinen, vielmehr soll er seine Stellung in solcher Weise nehmen, daß seine Selbständigkeit als ein Glück für das Ganze, seine Existenz als eine Notwendigkeit angesehen wird. Darin liegt die sicherste Bürgschaft seines Bestehens.«

Wie unvollkommen die Ansätze zu einer nationalen Einheit waren, das ergibt sich aus der Schilderung Duckwitz' über die Vorgänge in der Paulskirche, wohin er 1848 als Bremer Senator entsandt worden war, um – wie es in der Einladung hieß – »über die Neugestaltung des Vaterlandes zu berathen«.

Er war es, der am 24. Juli 1848, nachdem er eingewilligt hatte, das Amt eines Handelsministers anzunehmen, in Frankfurt mit den Ministern Schmerling und Peuker zusammentraf und darüber festhielt: »Mit diesen Beiden traf ich nachmittags im Bundespalais in der Eschenheimer Gasse, von dessen Zinnen eine schwarz-rot-goldene Flagge im Winde flatterte, zusammen. Nachdem wir uns begrüßt und eine Zeitlang unterhalten hatten, legten wir drei unsere Hände ineinander und gelobten feierlichst vor Gott, nach besten Kräften für Deutschlands Glück, Macht und Freiheit wirken und schaffen zu wollen.«

Nun, es blieb zunächst nur die Idee von einer deutschen Nation, die Ernüchterung folgte der Euphorie, aber die liberalen Kräfte im Lande kannten einander besser und waren erstarkt. Es bleibt festzuhalten, daß es ein Bremer war, der 1848 die nationale Aufgabe Bremens profiliert hatte und zu den bedeutendsten Verfechtern der nationalen Einheit gehörte.
Einer seiner Urenkel, der 1904 in dieser Stadt geborene Georg Ferdinand Duckwitz, ist vielen unter uns noch in lebendiger Erinnerung. Diesem Mann, der gern die zweite Silbe seines Nachnamens pointierte und der sich in die Annalen des Auswärtigen Amtes auch durch die Sentenz einschrieb: »Wer mich für klug hält, sagt zu mir Herr Doktor Duckwitz; wer mich für fein hält, sagt zu mir Herr von Duckwitz, und wer was von mir will, sagt Herr Doktor von Duckwitz.«
Diesem Manne wollen wir nicht vergessen, daß er unter völlig veränderten Horizonten der Ehre seiner Nation dadurch diente, daß er von Kopenhagen aus Tausenden von jüdischen Mitbürgern den Weg in das sichere Schweden öffnete und dann später – seine Familie war Jahrhunderte zuvor aus Danzig nach Bremen eingewandert – alles daran setzte, der deutschen Politik einen Weg nach Polen zu öffnen in der Vorstellung, es diene auch uns, wenn sich Polen frei fühlen könne von Furcht, ja sich eines Tages auch befreien könne von der Vorstellung, nur an der Grenze eines geteilten Deutschlands ließe es ich sicher leben.
Georg Ferdinand Duckwitz soll uns hier vor allem eines bewußt machen: Deutschland hat wie nur wenige Staaten der alten Welt seine Konturen von Generation zu Generation verändert. Das Vaterland unserer Urgroßväter und Großväter, es war nach Gestalt und Inhalt verschieden von dem Deutschland, in dem unsere Väter lebten. Und das Deutsch-

land wiederum meiner Kindheit, was hatte es noch mit dem meiner Eltern gemein, und wo finden meine Kinder nun ihr Deutschland, ein Land – so mag es scheinen –, das sich mehr in Fragen als in Antworten begreifen läßt; ein Land, das nicht in der sicheren Geborgenheit seiner Geschichte leben kann und in dieser Zeit einer nicht immer guten Renaissance nationaler Gefühle in aller Welt in den Verdacht gerät, seiner selbst nicht zu achten, wenn es sich nicht auch wesentlicher Teile seiner Geschichte erinnert. So gewagt der historische Vergleich auch immer sein mag, wenn er Geschehnisse aus verschiedenen Zeiten in die Parallele setzt, so erinnerns- und bedenkenswert sind doch die Bewegungen einer Zeit, die in manchem ihrer Zweifel über das Schicksal und die Zukunft unserer Nation dieser unserer Gegenwart ähnlich ist.
Und wenn ich damit zurückkomme auf Urgroßvater Duckwitz und seine Zeitgenossen in den dreißiger und vierziger Jahren des vorigen Jahrhunderts, dann nicht in der Absicht, die apokalyptischen Perspektiven unserer Zeit in das Biedermeier zurückzuführen, sondern um uns an die Gedanken und Gefühle führender Köpfe dieser Zeit zu erinnern und daran, was man damals für die Lage der Nation – was immer man auch darunter verstehen wollte – empfand.
Hatte schon der alte Goethe die Frage hinterlassen:
»Deutschland? Aber wo liegt es?
Ich weiß das Land nicht zu finden«,
so meinte Ernst Moritz Arndt – er hatte an der Universität Greifswald gelehrt, als sie noch zu Schweden gehörte –:
»Die verständigeren und besseren Deutschen klagen um ein Gut, was nicht möglich zu machen ist; viele schämen sich selbst des Namens Deutsch. Die meisten sind gleichgültig gegen alles, wobei andere Völker in Enthusiasmus geraten. Vaterland, Freiheit, Gesetz sind ihnen wunderliche Namen.«

Nun: Wer kann hier überhören, was auch uns in den Ohren liegt? Und wer will etwa behaupten, es sei nicht unsere Sorge, wir hätten nichts damit zu tun, wenn ich Wilhelm Grimm zitiere, der nicht nur die Märchen, sondern auch die Realitäten seiner Zeit sammelte:
»Da liest man von Amplifikationen, Kollektionen... und Manipulationen; da ist die Rede von Divergenz, Renitenz, Omnipotenz, Kohärenz, Tendenz und Tendenzprozessen, von Lokalisierung..., von sozialen Konglomeraten.«
Da haben wir wieder die Vokabeln! Grimm besorgte sich um das Überleben der Sprache, die – wie er sagte – ein Volk noch zusammenhält, wenn andere Stützen brechen. Die Zeit stellte damals aber nicht nur die Fragen, wo Deutschland zu finden sei und wie sich unsere Sprache behaupten könne; wir hören überraschend viele Stimmen, die sich in ihrer Trauer um das uneinige Vaterland an die Mutter Europa wenden. Wie gegenwärtig wird manchem hier die Stimme Arndts sein, der einmal gesagt hatte:
»Als Deutschland durch seine Zwietracht nichts mehr war, umfaßte mein Herz seine Einheit und Einigkeit.«
Aber er lebte in einem tiefen Zweifel, ob die Deutschen noch zueinanderfinden würden, wenn er auch schrieb, er schenkte den untergehenden Deutschen eine Träne, um dann fortzufahren:
»Es regt sich allenthalben in Europa, vorzüglich aber im deutschen Lande, ein neuer lebendiger Geist, von welchem die Väter nichts wußten, von welchem die Söhne nicht wissen, wie sie dazu gekommen sind.«
Und ganz sicher waren die Deutschen frei von der Vorstellung, ihnen solle etwa das entscheidende Gewicht in Europa oder gar in der Welt zufallen, als nun ein anderer Zeitgenosse, Hoffmann von Fallersleben, am 6. August 1841 die Verse

niederschrieb, mit denen er den Deutschen ihre nationale Einheit ans Herz legte. Schon drei Tage später, nach einem Spaziergang am Helgoländer Strand, überließ er seinem Verleger Campe das Lied ganz unpathetisch für 4 Louisdore, wobei Campe bemerkte: »Wenn es einschlägt, so kann es ein Rhein-Lied werden.« Ihn hatte offenbar der Vers von Wein und Sang am nachhaltigsten beeindruckt. Wenige Tage später aber brachte Campe, von dem Fallersleben vermerkt, er sei ein nie verlegener Verleger gewesen, die Verse mit der Haydn'schen Melodie zusammen.

Wenn ich damit der Entstehung des Deutschlandliedes Erwähnung getan habe, dann einmal, um uns an die Zeit zu erinnern, aus der heraus es geschrieben wurde. Mir liegt aber noch aus einem anderen Grund daran, den Hoffmann von Fallersleben in unser Gedächtnis zurückzurufen. Denn – und damit sei das Verhältnis zu unserer Zeit wiederhergestellt – Hoffmann war ein Liedermacher, und Sie verstehen mich ganz richtig, er erlitt auch das Schicksal eines deutschen Liedermachers; auch er wurde im Lande nicht mehr gelitten. Sein Herz schlug in verschiedenen Tönen, und sein Patriotismus hatte eigenen Rang schon dadurch, daß seine spitze Feder witzig, volkstümlich und politisch zugleich sein konnte. Er war ein nach Preußen ausgewanderter und später zurückwandernder Hannoveraner. Er lebte in einem Deutschland, das damals wie heute ein Land der Grenzübertritte war. Aber er dachte nicht daran, mit seiner Meinung hinter den preußischen Bergen zu halten. Als Professor in Breslau bemühte er sich wie andere wackere Köpfe seiner Zeit, der deutschen Sprache Gehör zu verschaffen. Ob ihm dabei beispielsweise für die Übersetzung des Wortes »Reaktionär« mit der Eindeutschung »politischer Rückwühler« ein besonders glücklicher Wurf gelungen ist, lasse ich dahingestellt.

Unvergessen bleibt die Fülle seiner Kinderlieder, die wir alle gesungen haben, allen voran vielleicht: »Ein Männlein steht im Walde ganz still und stumm.«

Genau diesen Standort aber bezog er nicht!

In den Mittelpunkt seiner Kraft stellte er seine »unpolitischen Lieder«, die alles andere als unpolitisch waren und ihn schließlich zwar nicht den Kopf, wohl aber den Kragen des Professors kosteten.

Hoffmann von Fallersleben steigerte sich – wie das bei Liedermachern wohl dazugehört – von so einfachen Aussagen wie:

»Du Paradies der Diener und Soldaten,
leb wohl, du Jagdrevier der Potentaten,
wir wollen dein auf ewig nun entrathen.«

bis zu mehr spezifischen Vorahnungen über das, was ihm blühen würde:

»Und singst du wie's ums Herz dir ist,
von Vaterlandes Leid und Last,
und ob du wohl kein Vogel bist,
beim Flügel wirst du doch gefaßt.«

Als er schließlich ausrief:

»Ich stimme für die Monarchie,
da gibt's noch gute Rente,
es gab die Republik doch nie
vier oder fünf Prozente«,

da war ihm nicht mehr beizuspringen. Die Universität Breslau lud ihn vor:

»... Zugleich ersuchen wir Sie, diese Einladung behufs der Feststellung, daß sie Ihnen rechtzeitig von dem überbringenden Pedell zugestellt worden sei, dem letzteren mit Ihrer Unterschrift und dem Datum versehen, versiegelt unter der Adresse des zuerst Unterzeichneten zurückzugeben.«

Als Hoffmann sich in dem Verhör über seine Lieder nun auch noch auf die Feststellung versteifte, »Preußen sei der intelligenteste Staat der Welt«, da verlor er stufenweise seine Glaubwürdigkeit. Seine unpolitischen Lieder wurden bald in Preußen und anderen Bundesstaaten verboten, so wie Ernst Moritz Arndt weiland in Abwesenheit wegen Beleidigung der bayerischen Armee verurteilt worden war. Den Spruch allerdings, mit dem Hoffmann auf Vorschlag des königlich-preußischen Staatsministeriums als ordentlicher Professor an der Universität zu Breslau nun unter Streichung seiner Pension entlassen wurde, ihn wollen wir wiederum im Vollbesitz jüngster Erkenntnisse über deutsche Liedermacher im Wortlaut entgegennehmen. Man sagte weiland:

»Der Geist dieser Gedichte hat als ein durchaus verwerflicher erkannt werden müssen. Es werden in diesen Gedichten die öffentlichen und socialen Zustände in Deutschland und respective in Preußen vielfach mit bitterem Spott angegriffen, verhöhnt und verächtlich gemacht; es werden Gesinnungen und Ansichten ausgedrückt, die bei den Lesern der Lieder besonders von jugendlichem Alter, Mißvergnügen über die bestehende Ordnung der Dinge, Verachtung ... gegen Landesherren und Obrigkeit hervorgerufen, und einen Geist zu erwecken geeignet sind, der zunächst für die Jugend, aber auch im allgemeinen nur verderblich wirken kann.«

Herr Präsident, verehrte Eiswettgenossen, gerade weil ich ein Herz für Preußen habe, bekenne ich freimütig, mich beeindruckt die Kontinuität in der Beurteilung des freien Gesanges.

Und wie erging es Hoffmann? Er zog sich zurück aus Breslau, um in seine Heimat zurückzukehren, aber auch in Fallersleben stellte man ihm nach; und als er merkte, daß er von Landdragonern beschattet wurde, floh er durch ein Loch in

der Mauer eines Kuhstalles, verließ die hannoverschen Lande und ging zunächst nach Braunschweig, und es entrang sich ihm der Seufzer:
»Ich bin Professor gewesen: nun bin ich abgesetzt.
Einst konnt' ich Collegia lesen, was aber kann ich jetzt?...«
Nehmen wir aber doch soviel mit für heute: Unser Freund Hoffmann von Fallersleben ist nicht nur von gestern, und es ist gut zu wissen, wie mutig und wie liberal der Geist war, aus dem unsere Nationalhymne entstammt!
Und noch eines: Es setzt ein gutes Zeichen, daß der Liedermacher auch heute – er singe, wo und was er wolle – sein Lied, wenn er nur Courage hat, frei singt und seine Stimme damit gegen die Meinung erhebt, wir lebten in einem Lande der ständig Unterworfenen und Unterwürfigen.
Hugo von Hofmannsthal hat einmal eine sehr ernste Bemerkung gemacht, als er sagte:
»Unser Volk hat ein schlaffes Gedächtnis und eine träumende Seele, trotz allem, was es besitzt, verliert es immer wieder, aber es ruft sich nachts zurück, was es am Tage verloren hat. Den Reichtum, der ihm eignet, zählt es nicht und ist fähig, seiner Krongüter zu vergessen, aber zu Zeiten sehnt es sich nach sich selber.«
Es sieht so aus, als träume man auf beiden Seiten einer Grenze, die jenseits jeder Geschichte und jeder Vernunft durch unser Land gezogen ist, und wenn der junge Liedermacher unserer Tage heute singt:
»Was wird aus unseren Träumen in diesem zerissenen Land?«,
dann mag er zwar auch die Anhänglichkeit an seine eigenen Irrtümer feiern und sich damit der Frage aussetzen, wo denn nun eigentlich die Avantgarde und wo die Nachtwächter stehen; er setzt aber auch ein Zeichen dafür, daß sich unser Volk

hier wie dort an sich selbst erinnert und daß eine Nation nicht allein eine Sache der Definition oder gar der Opportunität ist und es gewiß nicht etwa einem Historiker-Kongreß überlassen bleiben kann, darüber zu befinden, ob es noch ein Vaterland der Deutschen gibt.
Die Rivalität allerdings, dieses wohlangestammte Element im deutschen Staatsgefüge, verhängnisvoll und fruchtbar zugleich, sie wird bleiben. Deutschland wird sich immer aus der Vielfalt seiner Dialekte heraus begreifen müssen; so war es in der Zeit, die wir hier gestreift haben, so wird es auch in Zukunft sein. Die Dialekte aber – sie setzen heute nicht mehr allein landsmannschaftliche Akzente. Sie erinnern uns daran, daß es auf unserer Seite sehr wohl der Festigkeit in der Sache bedarf, wenn es um die Grundlage unseres Staates, unserer Freiheit geht; daß aber auch eine neue Dimension an Toleranz füreinander nötig sein wird, wenn der Brückenschlag im Herzen Europas eines Tages gelingen soll, ein Brückenschlag, der letzten Endes uns anvertraut ist und ohne den Europa selbst nicht überdauern wird. Dem Risiko der Freiheit werden sich eines Tages alle stellen müssen. Sehen wir zu, daß wir von unserer Freiheit einen Gebrauch machen, der auch die Herzen und Köpfe derer gewinnt, die sich den freien Mann noch nicht leisten können.
Ein kluger Beobachter der Bundesrepublik Deutschland hat kürzlich gesagt, wir lebten in einem zufriedenen, aber nicht in einem glücklichen Land. Lassen wir uns von Hoffmann von Fallersleben daran erinnern, daß das Unterpfand des Glückes für unser Volk unteilbar ist, und in dieser alten Handelsstadt Bremen darin einig sein, daß ein Handel über Einigkeit und Recht und Freiheit nicht möglich ist. Auch der Senat von Bremen hat im Verlaufe der Geschichte seine Handlungsfähigkeit wiederholt verloren. Als er sie nach dem

Abzug der napoleonischen Truppen wiedergewann, richtete er am 6. November 1813 folgende Worte an die Bürgerschaft:
»Zu tun, was an uns ist, die deutsche Freiheit sichern zu helfen, sei unsere erste Sorge...«
Wir sollten es uns also auch vor der Tradition dieser Stadt vorstellen dürfen, daß die großen Tugenden ihrer Bürger, ihre Toleranz, ihre Würde, die eigene Sache zu vertreten, ihre Sicherheit im Umgang mit sich selbst und mit der Freiheit und ihre in aller Welt erfahrene Liebe zu ihrem Land, daß diese Tugenden ihren Anteil daran haben werden, wenn sich Deutschland, das ganze Deutschland, eines Tages wiederfindet.

ÜBER DAS GEWINNSTREBEN UND DIE GEMEINNÜTZIGKEIT DER PRIVATEN BANKEN

Die Vorstellung, daß aus dem Geschäft mit dem Geld leicht und sorglos hohe Gewinne erzielt werden können, hat die Banken und ihre Vorläufer auf dem Weg durch die Jahrhunderte begleitet. Man mag darin ein beinahe zeitloses Wohlwollen sehen, daß Banken alles überdauern, daß es Grenzen für ihnen zuzumutende Belastungen gar nicht gäbe, und man schon vor diesem Hintergrund getrost nicht nur alle Probleme den Banken vor die Türe legen, sondern auch in ihre Bücher überweisen könne. Indes: auch bei den Banken ist der Ertrag nichts anderes als der Indikator für die Vernunft allen Wirtschaftens, nämlich aus Gegebenem einen Zuwachs zu erzielen und das Vorhandene nicht zu verschwenden. Wie allen Unternehmen ist auch den Banken diese Beweislast der ökonomischen Vernunft immer auferlegt. Wo Ertrag und Ertragsfähigkeit auf die Dauer nicht nachgewiesen werden können, ist der Unternehmenszweck offensichtlich verfehlt. Dies heißt nun allerdings nicht, daß Gewinnstreben der Kern aller wirtschaftlichen Betätigung zu sein hätte. Gewinn ist die erfreuliche, bestätigende Folge richtiger Entscheidungen und marktgerechter Aktion. Zwar mögen sich expansive Ziffern im Geschäftsvolumen, in der Ausweitung des Geschäftsstel-

Artikel in der »Börsen-Zeitung« vom 3. Februar 1977 (Jubiläumsausgabe)

lennetzes oder auch in der Beschäftigtenzahl vordergründig in der Öffentlichkeit besser präsentieren. Philosophie und Praxis des Wachstums um jeden Preis führen jedoch allzu leicht in die Irre, in die Existensgefährdung. Beispiele stehen über die Jahrzehnte hinweg aus allen Wirtschaftsbereichen zur Verfügung.

Gesunde, an ihren Dienstleistungen im Kreditgeschäft und in allen übrigen Sparten auch gut verdienende und somit ungefährdete Banken gehören zu den tragenden Säulen einer stabilen und zugleich dynamischen Wirtschaftsordnung. Bankfallissements spiegeln dagegen sowohl individuelles Unvermögen als auch Mängel in der Wirtschaftspolitik und in der Wirtschaftsstruktur eines Landes wider. Weit mehr noch als Zusammenbrüche anderer Unternehmen, wie sie in großer Zahl als Folge der Rezession zu verzeichnen waren und sind, können Probleme bei den Banken höchst gefährliche Kettenreaktionen auslösen. Und so mancher, den der Markt als hellen Kopf und als einen Pionier des gemeinen Nutzens feierte, weil er sich als der billigste Anbieter empfahl, er strandete im Katzenjammer und zum allgemeinen Schaden, weil es nun evident wurde, daß es ihm an der entscheidenden Qualität zum Bankier gebrach.

Schon so gesehen sichern ertragsorientierte und in dieser Hinsicht auch erfolgreiche Banken nicht nur ihre eigene Existenz: sie sind auch im eigentlichen Sinne gemeinnützig. Aufgabe des Staates ist es, Umweltbedingungen zu schaffen und zu erhalten, die einem leistungsstarken Bankwesen im Interesse aller volle, ertragsstabile Entfaltung ermöglicht.

Aber dies ist ein Thema mit Variationen. Die Banken haben die Aufgabe, den volkswirtschaftlichen Geldkreislauf zu organisieren, Geld und Kapital denjenigen Verwendungen zuzuleiten, die ihrerseits einzel- und gesamtwirtschaftlichen

Gewinn versprechen; sie haben – wie es der Titel dieser Jubiläumsausgabe ausdrückt – das Wagnis der Zukunft zu finanzieren, und das heißt zuvorderst, die Wagnisse der Zukunft zu sehen. Ihre Existenz verdanken jedenfalls die privaten Banken nicht einer Ideologie, sondern dem Bedürfnis des Marktes nach ihren Dienstleistungen. Und diese Aufgaben erfüllen sie im täglichen harten Wettbewerb mit Konkurrenten, die in der Bundesrepublik zu einem wesentlichen Teil dem staatlichen Bereich angehören.

Ob die besondere Eigenart des Bankiersgewerbes es überhaupt zulasse, dem Wettbewerb mit all seinen Unwägbarkeiten mehr oder weniger schonungslos ausgesetzt zu werden, dies war eine lange umstrittene und in einzelnen Ländern wie auch im Lauf der Zeit unterschiedlich beantwortete Frage. Die Vorstellung, daß das Bankwesen mit der Notenbank an der Spitze seine Aufgaben am besten im abgezäunten Bereich eines Reservats wahrnehmen könne, war auch in der Bundesrepublik bis weit in die 60er Jahre hinein anzutreffen. So hieß es beispielsweise in der Begründung zum ersten Gesetz gegen Wettbewerbsbeschränkungen, daß der »Kreditmarkt« der automatischen Steuerung durch den Wettbewerb unzugänglich sei, und daß auf staatliche Interventionen zur Verhinderung einer allzu starken Expansion nicht verzichtet werden könne.

So weit wir uns in Theorie und Praxis auch von Kontrollen, staatlichen Eingriffen und verordneter Wettbewerbsbeschränkung entfernt haben, und wie nachdrücklich wir die gestaltenden Kräfte des freien Wettbewerbs auch anerkennen, so wenig sollte doch auf ein Überdenken mancher Konsequenzen der Konkurrenz im freien Raum verzichtet werden. Ganz sicher sind die privaten Banken heute sehr viel stärker unternehmerisch geprägt, als sie es früher waren.

Gleichwohl können sie – im Gegensatz zu anderen Wirtschaftsunternehmen – ihre Aufgabe nicht darin sehen, mit immer wieder neuen oder neu erscheinenden Produkten und Kombinationen den Markt zu gewinnen. Es kann und darf nicht Aufgabe der Banken sein, die Expansion ihres Geschäfts und ihres Tätigkeitsbereichs unter Ausschöpfung aller Möglichkeiten, die ihnen operativ zur Verfügung stehen, zum Selbstzweck werden zu lassen. Der Innovationslust, die auch in manchem Bankier steckt, sind die Grenzen seines Metiers gezogen. Das Konservative im besten Wortsinn muß ein Wesensmerkmal des dem wirtschaftlichen Fortschritt verpflichteten Bankiers bleiben. Wehe dem, dem es nicht gelänge, das ihm anvertraute Geld und Kapital zu wahren und zu mehren! Im Kern ist jede Bank gehalten, im Bereich überschaubarer Risiken zu arbeiten. Das heißt zugleich, daß der Bankier seinen Anteil am Unternehmertum mit Vorrang dort gewinnt, wo es die unternehmerischen Risiken der Wirtschaft zu kontrollieren und einzugrenzen gilt, um Kapitalvergeudung oder gar den Verlust – in aller Regel fremden Geldes – zu verhindern.

In einer Hinsicht haben die Banken allerdings auch unmittelbar mit den Unternehmen in den anderen Wirtschaftsbereichen zu konkurrieren: in der Beschaffung langfristigen und insbesondere des risikotragenden Kapitals sind sie auf ein und denselben Markt angewiesen. In diesem Wettbewerb um die Kapitalbasis kann ihnen allein die Kontinuität und Attraktivität ihres Ertrages – einschließlich ausreichender Rücklagenstärkung – den erforderlichen Marktanteil sichern.

Wie nun streben die Banken nach Gewinn, der solches ermöglicht? Die aus der betriebswirtschaftlichen Literatur stammende Vorstellung der »Gewinnplanung« ist ganz allgemein eine gefährliche, irreführende Vokabel. Für die Geschäftspolitik der Banken gibt sie noch weniger her als in anderen Wirtschaftsbereichen. Gewinne sind in der Marktwirtschaft nur bedingt eine Planungsgröße, vielmehr ganz schlicht das, was am Ende einer Periode unter dem Strich übrigbleibt. Gewinnplanung kann lediglich Zielvorstellungen schaffen, die oft genug korrigiert werden müssen. Über die Gewinnrealität entscheidet der Markt mit allen seinen Unwägbarkeiten. Da der wesentliche Teil der Bankgeschäfte in die Zukunft gerichtet ist, fällt die Entscheidung über Gewinn oder Verlust eines Einzelgeschäfts oft erst nach einem sehr langen Zeitraum. Jeder Bankier mit ausreichend langer Berufserfahrung wird sich vermeintlich guter Kredite erinnern, die schließlich auf dem Abschreibungskonto als Kosten besonderer Art ihren Niederschlag und ihren Abschluß fanden. Eine verantwortungsbewußt geführte Bank muß für solche Eventualitäten nach Kräften Vorsorge treffen, und sie hat dabei ja, innerhalb bescheidener Grenzen jedenfalls, auch die Unterstützung des Steuerrechts und der Bilanzierungsvorschriften.

So sehr eine Bank auch darum bemüht sein wird, für jede Sparte, für jede Geschäftsstelle und möglichst auch für jedes Einzelgeschäft einen Ertrag zu erwirtschaften – von den bekannten Schwierigkeiten der Zuordnung von Kosten und Erlösen sei hier einmal abgesehen –, so sehr wird sie doch auch in dieser Hinsicht Kompromisse mit der Realität des Wettbewerbs finden müssen. Ihr Angebot ist in der Regel ein Bündel von Leistungen, und wie eh und je wird es auch in Zukunft darauf ankommen, die Nachhaltigkeit der Ertragserzielung über kurzfristige Erfolgschancen zu stellen. Um dies an einem konkreten Beispiel aufzuzeigen: daß »der Markt« in geradezu irrationaler Weise derzeit nicht bereit zu sein scheint, die den Banken in der Abwicklung des Zahlungsverkehrs entstehenden Kosten angemessen zu honorieren, bleibt für die Banken zwar ein Ärgernis, aus eigener Kraft aber nahezu unkorrigierbar. Sie müssen das Kuppelprodukt Zahlungsverkehr weiterhin unter Kosten anbieten in der Hoffnung, daß sich diese Investition künftig zumindest in der Globalrechnung doch verzinst. Zu den großen Fortschritten der letzten Jahre gehört es, daß auch die großen Banken transparenter geworden sind, daß Gewinn- und Verlustquellen besser erkannt und daß somit auch eher Maßnahmen der geschäftspolitischen Steuerung ergriffen werden können. Die Zeiten, in denen etwa Filialen im wahrsten Sinn des Wortes ohne Rücksicht auf Verluste allein aus Prestigegesichtspunkten unterhalten oder einzelne Geschäfte aus ebensolchen Erwägungen abgeschlossen wurden, dürften endgültig vorbei sein.

Häufig wird übersehen, daß Gewinnstreben nicht nur mit der Ertragsseite, sondern sehr viel auch mit der Aufwandsseite zu tun hat. »Profitability begins at home« könnte man in Abwandlung eines bekannten Wortes sagen. Die Banken mit ihrem hohen Personalkostenanteil sind in besonderem Maße gezwungen, alle Möglichkeiten der technischen Rationalisierung auszuschöpfen, die für ihr Geschäft zur Verfügung stehen. Die in den letzten Jahren gelungene Ertragsstabilisierung, die übrigens nirgendwo zur Freisetzung von Arbeitskräften geführt hat, ist zu einem ganz wesentlichen Teil den auf dem organisatorischen Gebiet erzielten Erfolgen zu verdanken. Die »Preise« der Banken, ihre Gebühren und die ihnen verbleibenden Margen können es dagegen an Stabilität mit der Entwicklung in wohl allen anderen Wirtschaftsbereichen aufnehmen.

Wie immer eine Bank ihr Unternehmensziel auch definieren

mag, ob mit dem etwas abgenutzten Begriff der Gewinnmaximierung, ob mit der Wahrung und dem Ausbau einer bestimmten Marktposition, ob – so eine Standarddefinition des gemeinwirtschaftlichen Unternehmens – »dem Wohl einer übergeordneten Gesamtheit oder der Verwirklichung einer von ihr für objektiv verbindlich gehaltenen Idee« dienend: die Einordnung in ein funktionierendes Wettbewerbssystem läßt grundlegend unterschiedliches Verhalten am Markt kaum zu. Jede Bank wird – wie jedes Unternehmen überhaupt – stets in erster Linie die Sicherung der eigenen Existenz im Auge haben müssen. Dies aber ist nur durch ein Höchstmaß an Leistung, wie sie vom Markt gebraucht, akzeptiert und honoriert wird, möglich. Das Bemühen, vorausschauend und vorausplanend die eigene Existenz zu sichern, wird stets mit dem Bestreben nach Kostenüberdeckung, also nach Gewinnerzielung zur Abstützung der Kapitalbasis, verbunden sein, und dies gerade auch durch wirtschaftliches Niedrighalten der Kosten. Im übrigen haben die Banken oft genug den Beweis erbracht, daß sie auch dann, wenn sie sich nicht in einer Zwangslage befanden, Gewinnverzicht auf sich nahmen, um die Existenz anderer Unternehmen und damit Arbeitsplätze zu retten. Gesamtwirtschaftliche Verantwortung hat heute ganz zweifellos einen höheren Stellenwert als in der Gründerzeit des vorigen Jahrhunderts, die noch immer die Vorstellungswelt mancher Ideologen beherrscht. Nur derjenige allerdings kann andere unterstützen, der sein eigenes Haus in Ordnung hat. Und fast überflüssig zu sagen: nur eine gesunde Bank kann dem Gemeinwesen auch unmittelbar – durch Steuern, durch Kredite – dienen. Die private Bank lebt, wenn wir es recht sehen, unter dem Zwang zur Gemeinnützigkeit. Sie kann ihren Erfolg nicht erzielen, ohne stets im Interesse der Allgemeinheit zu handeln. Soweit Gewinnstreben und Gemeinnützigkeit Gegensätze sein mögen – hier heben sich die Gegensätze auf.

VON DER HERAUSFORDERUNG DER UNTERNEHMEN IN UNSERER ZEIT

Wir haben uns hier versammelt, um ein Ereignis im Leben einer Gesellschaft zu feiern, von der wir wissen, daß sie in ihrer Geschichte auch ein Stück deutsch-amerikanischer Beziehungen enthält. Die 25 Jahre, auf die wir zurückblicken, sind uns zugleich ein Anlaß, nicht nur über das Leben eines Unternehmens, sondern auch über die lebendige Zusammenarbeit zwischen Deutschland und Amerika in diesem Zeitraum nachzudenken.

Wir gratulieren, und das fällt uns leicht: Wir gratulieren zu dem Entschluß, dieses Unternehmen vor 25 Jahren in die Existenz zu bringen, und wir gratulieren zu dem Erfolg, mit dem dieses Unternehmen bis heute geführt worden ist. Wir gratulieren zu den ausgezeichneten Aussichten, denen dieses Unternehmen heute begegnen darf, und ganz besonders gratulieren wir zu der hochwillkommenen Investition, die Sie heute in Bayern feiern und die uns ja eigentlich hier zusammenbringt.

Wir sind ferner versammelt, um zu danken. Wir danken für Jahrzehnte engster, herzlicher, freundschaftlicher Zusam-

---

Vortrag anläßlich des 25jährigen Bestehens der Cyanamid GmbH und der Inbetriebnahme der neuen Werksanlagen in Wolfratshausen/Obb., am 25. April 1977

menarbeit, die viele von uns mit Ihrem Unternehmen verbindet. Wir haben uns vor allem zu bedanken für die aufgeschlossene und unvoreingenommene Form, in denen sich alle unsere Begegnungen, von wem auch immer hier die Rede sein mag, in dieser Zeit vollzogen haben. Und schließlich: Wir haben uns zu erinnern an die Jahre, die zurückliegen, und wir haben aber auch einen Augenblick zu überlegen, was wir von den 25 Jahren, die vor uns liegen, erwarten können. 25 Jahre zurück – meine Damen und Herren – das gilt für uns alle: geschenkt wurde uns nichts. 1952, das können heute viele Unternehmen von sich sagen – nicht zuletzt die großen deutschen Banken, die auch in diesem Jahr ihre Wiedergründung erfuhren –: Es war ein gutes Gründungsjahr. Und in dem Auf und Ab, in den Wellenbewegungen der Zeit, der Politik und der Wirtschaft waren diese 25 Jahre danach angelegt, auch zu konsolidieren und soviel Kraft in den Unternehmen zu konzentrieren, daß sie die weniger günstigen Zeiten, denen sie sich heute ausgesetzt sehen, mit Erfolg überdauern können. 1952, das war eine Zeit vieler Hoffnungen, vieler offener Fragen, eine Zeit der geschärften geschäftlichen Instinkte. Die Zukunft war keineswegs garantiert. Ich darf daran erinnern, daß 1952 beispielsweise die deutschen Aktienkurse um 20% zurückgefallen waren, nach einem allerdings sehr kräftigen Anstieg im Jahr zuvor; daran darf sogar erinnert werden unmittelbar nach Einführung der Cyanamid-Aktien an der Börse zu Frankfurt. Wir hatten Deutschland als ein Land mit eineinhalb Millionen Arbeitslosen vor uns, und man war keineswegs davon überzeugt, daß das reale Wachstum von damals etwa 9% pro Jahr durchzuhalten sei. Man machte sich um die Inflationsrate weit weniger Gedanken als heute, man hatte 2 Prozent sowohl in den USA als auch in Deutschland. Und die Investitionen herausragender amerikanischer Unternehmen in der deutschen Wirtschaft, sie gehörten 1952 noch nicht zu den Alltagserscheinungen. Sie zeigten vielmehr im Einzelfall ein besonders hohes Maß an Vertrauen, auch an Wagemut, denn der Kapitalverkehr zwischen unseren Ländern, Amerika und Deutschland, er war damals in erster Linie durch die Marshall-Plan-Hilfe bestimmt. Allerdings schon bald setzte die unmeßbare Kraft und Phantasie der amerikanischen Unternehmer ein, Europa wiederzuentdecken und insbesondere in diesem Land sehr früh und oft vor den Europäern zu investieren. Und – das sei einmal mit Nachdruck gesagt – es waren damals mehr Amerikaner, die die Chance und die Stunde Europas begriffen als Europäer, so daß wir sagen können: So richtig es ist, daß die ersten Amerikaner Europäer waren, so fair ist es auch, festzustellen, daß wohl die Mehrzahl der ersten Europäer Amerikaner waren.

Und wir sollten uns noch an etwas anderes erinnern; unsere deutschen Zeitungen haben es vor wenigen Tagen getan: Es wird für die amerikanische Geschichte ein gewichtiges Blatt sein, sich der Phase der Begegnung und des Aufbaus einer auf Dauer lang angelegten deutsch-amerikanischen Freundschaftsbeziehung zu erinnern, von der wir sagen können, daß sie weitgehend auch unter der Initiative von Generalen stand. Generale haben selten in der Geschichte ihre Chance und auch ihre besondere Begabung für ihren Anteil an der Arbeit für einen dauerhaften Frieden so begriffen und so verwirklicht wie eine große Reihe amerikanischer Heerführer in dieser Zeit. Und wir erinnern uns zugleich: 1952 wurde überdies ein General Präsident der Vereinigten Staaten; Eisenhower trat sein Amt an.

Ein Stichwort der Zeit war die Produktivität. In der Bundesrepublik Deutschland erließ man 1952 unter dem Namen des damaligen Vizekanzlers Blücher ein Programm zur Steigerung der Produktivität, und zum gleichen Zeitpunkt – ich springe einmal auf die ganz andere Seite – legte der Parteikongreß in Moskau mit der Produktivität die Parole für den nächsten Fünf-Jahres-Plan fest. In der Definition dessen, was Produktivität sein solle, verstand man sich sogar ausnahmsweise im Prinzip: Das Meiste erzielen mit dem geringsten Aufwand. Seither hat man fünfmal Fünf-Jahres-Pläne dort drüben verwirklicht. Im Ergebnis dürfen wir in aller Bescheidenheit sagen, daß der Erfolg hier auf unserer Seite verwirklicht worden ist, in ständiger Beziehung und ständiger Herausforderung mit jener Grenze, mit jenem Graben, der durch unser Land verläuft, und Auge in Auge mit der These, daß unser Umgang mit der Freiheit die Gesetzmäßigkeit des eigenen Unterganges in sich trage. Nun – wir sind weiter denn je davon entfernt, und diese 25 Jahre haben auch den Beweis dafür erbracht, daß die Produktivität weit eher der Freiheit und dem freien Unternehmer verschwistert ist als dem Ziel der allumfassenden Planung. Und so wurden neben den Vereinigten Staaten von Nordamerika in den letzten 25 Jahren gerade die beiden großen Länder an den Grenzen der freien Wirtschaftszonen und in den ständig gefährdeten Spannungsfeldern – Japan und unser Land – zu den Staaten, die neben den USA die mit Abstand größte Produktivität zur Entwicklung in der Weltwirtschaft beitrugen und in nahezu allen Kennziffern ökonomischen Geschehens heute die vorderen Plätze besetzen.

Das Vierteljahrhundert von damals bis heute war eine Zeit des vielfachen Wandels zum Guten, es war eine Zeit der Herausforderung an die Unternehmer und an die Unternehmen, und es ist nicht unfair zu sagen, daß in diesem Lande, Deutschland, die Unternehmer niemals verwöhnt wurden.

Die Herausforderung aber wurde, alles in allem, bestanden, und nun sei es auch gesagt, daß dieser Staat, unser Staat, zur Wirklichkeit und zu den Problemen einer freiheitlichen Ordnung der Wirtschaft durch die ganze Zeit gestanden hat. Unter allen politischen Wandlungen hat er dazu beigetragen, daß sich dieses System, ich will nicht sagen, weltweit durchgesetzt hat, aber allen Anfeindungen zum Trotz in seinen positiven Zeichen in dieser Welt verständlich gemacht hat. Vergessen wir nicht: Diese 25 Jahre sind trotz aller Probleme, die uns heute vor Augen stehen, eine Zeit, in der sich dieser liberale Staat immer wieder für eine freie Wirtschaft bestätigt hat, mit allen damit verhafteten Problemen und Risiken des freien Warenverkehrs, des freien Kapitalverkehrs, der freien Investitionen in diesem Land, verbunden allerdings mit der Vorstellung, daß auch wir frei sein sollen, uns in anderen Ländern zu engagieren.

Schauen wir zurück, dann sehen wir den größten Erfolg, der jemals in einem solchen Zeitraum in der Weltgeschichte, in der Entwicklung von Industrie und Welthandel, dem Austausch der erzeugten Güter, erzielt worden ist. Blicken wir zurück, dann stellen wir für dieses Land fest, daß wir in der Qualität unserer Arbeit und unserer Produkte alles in allem den Standard im Vergleich zu anderen haben halten können, und daß wir uns auch in der Produktivität unserer Arbeitsprozesse, in unserem Arbeitsfrieden und in der Stabilität unserer Währung auf einem guten Platz behauptet haben.

Diesen positiven Zeichen bei einem Blick zurück müssen wir allerdings nun hinzufügen diejenigen Tatsachen, die uns jetzt als unsere größten Probleme in die Zukunft hinein begleiten werden und zu unseren größten Sorgen geworden sind. Da ist einmal die Tatsache, daß wir die Präferenz in unseren Kosten verloren haben, daß wir weit hinter uns gelassen haben den Standard, der uns einmal in besonderer Weise attraktiv machte, auch für die Investitionen unserer amerikanischen Freunde. Wir sind das Land mit der teuersten Arbeit geworden und – das ist wohl noch problematischer –: Unser Staat ist längst nicht mehr das beispielhaft sparsame Staatswesen, das er einmal war; wir sind der teuerste Staat geworden, und es wird Zeit, daß wir erkennen, daß man uns nicht nur aus vielen Konkurrenzgründen weltweit unseren Platz streitig macht, sondern daß wir uns insoweit auch selbst im Wege stehen.

Lassen Sie uns ein wenig nachdenken, wenn wir den Blick nach vorne richten, wie sich die Zukunft und damit auch die Zukunft dieses Unternehmens aus heutiger Sicht, unter diesen Belastungen, für uns darstellt. Es ist für Unternehmer ein gewohntes Geschehen, daß sich Märkte neu präsentieren, daß sie sich neu anbieten, daß sie sich verschließen, daß die politischen Belastungen für ein Unternehmen, das wie Cyanamid in der ganzen Welt tätig ist, in wechselnden Grenzen und unter veränderten Horizonten immer wieder neu erscheinen, und daß uns letztlich die alten Formeln helfen müssen: Unsere Geduld, die Sicherheit im eigenen Standpunkt und der Instinkt, das Richtige zu tun. Diese Formeln, sie fordern uns wie eh und je. Und wenn wir beispielsweise an den etwas zur Mode geratenen Nord-Süd-Konflikt denken, der in mancher Beziehung ja nur eine Variation zu dem Thema »Ost-West-Konflikt« darstellt: Die Fülle der Forderungen sollte uns als Unternehmer keineswegs entmutigen. Es geht ja nicht nur darum, daß man die Konstruktion, die Struktur unseres ökonomischen Systems und unserer ökonomischen Technik zur Diskussion stellt. Es geht auch darum, und darauf waren wir weniger vorbereitet, daß man die Zivilisation der fortgeschrittenen Länder insgesamt in den

Anklagezustand versetzt und letzten Endes dem weißen Mann vorwirft, für alle Entwicklungen auf dieser Erde verantwortlich zu sein. Und dies wiederum verbindet sich mit der Vision und Illusion, man könne die Reichtümer und auch die Armut auf dieser Erde von Grund auf neu verteilen. Man meint, es müsse möglich sein, den Menschen letzten Endes von allen Zwängen zu befreien, auch von dem Zwang, zum eigenen Vorteil handeln zu müssen – nicht immer und nicht nur, aber auch! –, um schließlich eine Welt zu finden, die frei sei von Risiken und abgesichert durch eine Vielzahl von Garantien, die letzten Endes allerdings wieder unser Teil des Geschäfts sein sollen.
Die Ansprüche sind berechtigt und unberechtigt, sind begründet und unbegründet, sie zeigen sich uns in bunter Variation, mit Sicherheit aber führen sie einmal mehr den amerikanischen und den europäischen Kontinent zu einer Interessengemeinschaft zusammen. Wir sind ganz sicher der Auffassung, daß wir einen Beitrag, eine gemeinsame Linie und eine gemeinsame Leistung werden finden müssen. Es ist aber ebenso sicher, daß wir aus der unternehmerischen Erfahrung dieser beiden Kontinente heraus auch helfen müssen, die Grenzen aufzuzeigen, die Grenzen des Planens – denn wieder einmal präsentiert sich der Plan als die große Verheißung –, aber auch die Grenzen des Verbrauchs. Die Diagnose des Verbrauchs von Kontinenten oder gar die Garantie dieses Konsums, also die Vorstellung, daß die Welt in einem Planspiel einzufangen sei, sie sind so gefährlich, daß wir – jeder an seiner Stelle – schon die unternehmerische Überzeugungskraft im Detail aufbringen müssen, um hier Unheil abzuwehren, insbesondere von denen, die besser leben wollen und besser leben sollen.
Ein anderes Problem, was sich in der Zukunft für uns alle

stellt, wird ebenfalls mit Geduld, mit der Sicherheit für unseren Standpunkt und dem Instinkt für das, was das Richtige sei, anzugehen sein. Die Kontinente sind allerdings mehr auf sich gestellt, wenn es darum geht, den Strukturwandel in der Verteilung der Arbeit auf dieser Erde in Angriff zu nehmen und dabei soweit wie nur möglich die Grenzen offenzuhalten. Die Probleme sind uns vertraut. Wir in Deutschland können es nicht oft und nicht klar genug sagen: Wir müssen mit der Tatsache leben, daß wir in einer Vielzahl von Arbeiten, die einem traditionsreichen Standard von Qualität und auch handwerklicher Leistung verbunden waren und in denen wir Spitzenstellungen besessen haben, daß diese Arbeiten aus dem Angebot und der Produktion dieses Landes ausscheiden müssen, und zwar weitgehend auch dadurch, daß dieses Land seine Chancen am Markt selbst verspielt hat. Es gibt keine Alternativen mehr, wenn ein erheblicher Teil der Produktion heute beispielsweise in wichtigen Konkurrenzländern nur noch halb soviel kostet wie in Deutschland und andere Wettbewerber entscheidend billiger als wir am Markt erscheinen können. Da bekommen wir die Rechnung, daß wir in der Inflationierung unserer Kosten nicht rechtzeitig eingelenkt haben, wir, die wir sonst ein Musterschüler in der Klasse Stabilität sind.

Sie wissen, daß in der weltweiten Diskussion Nord-Süd die Inflation des Westens als eine Anklage präsentiert wird; das mag gut an diesem Dialog sein. Wir wollen aber nicht vergessen, daß diese Inflation zugleich die große Markt- und Entwicklungschance für viele Länder ist, nunmehr nicht nur, soweit dies denkbar ist, zu ihren billigeren Kosten zu produzieren, sondern ebenfalls in den Export und damit in den Welthandel einzutreten. Nehmen wir diese Vorstellung des positiven, des optimistischen Ergebnisses einer Anklageschrift einmal auch entgegen.

Unsere Chance in Deutschland, und damit kehren wir zu unserem Jubiläumszweck langsam wieder zurück, wird es bleiben, qualitativ hochwertig dort zu produzieren, wo Technik und Forschung und Kapitalbereitstellung aufwendig sind, wo man also letzten Endes mit hohen Grundkosten an den Markt tritt, um dann allerdings auch die besonderen Früchte seiner wissenschaftlichen Arbeit technisch einwandfrei vorzustellen.
Wir sind sicher nicht zusammengekommen, um schlechte Nachrichten auszutauschen, ganz übergehen können wir aber unser Sorgenkind, den Staat, nicht. Ich denke dabei natürlich in erster Linie an unseren, an meinen Staat Deutschland, und zwar deshalb und in dem Zusammenhang, daß auch dieser Staat und alle Staaten heute die entscheidenden Daten für den internationalen Wettbewerb setzen. Nicht nur etwa dadurch, daß sie bestimmte Produktionen begünstigen oder benachteiligen, sondern auch dadurch, daß sie die Struktur des Soziallebens festlegen und schließlich im Wettbewerb der Defizite, die sie mehr oder weniger alle besitzen, entscheidende Daten wiederum für den Bestand der Währungen setzen, die, wie wir alle wissen, wiederum ein Schlüssel zum Wettbewerb sind. In dieser Frage »Was macht unser Staat?« sind wir mit den Formeln der Geduld, der Sicherheit in eigener Sache und dem Instinkt, was denn zu tun sei, so ziemlich am Ende unseres Lateins. Weil wir aber wissen, daß die Investitionen, um die es uns allen geht, so entscheidend an diese Frage nach der staatlichen Initiative angehängt sind, sollten wir schon einige Worte darauf verwenden, was denn diesen Staat im Wettbewerb zu anderen Staaten heute für den Unternehmer zu einem Problem machen kann.
Nehmen Sie es unvermittelt so entgegen, wie ich es aus einigen Zahlen ablesen möchte, aus einem Vergleich, dieser an-

regenden und auch korrigierenden Kraft, dieser unverzichtbaren Rechengröße für jeden Unternehmer, der sich weltweit umsieht, wo und wann er investieren soll. Hier werden wir etwas stutzig, wenn wir die vergleichbaren Größen der deutschen Wirtschaft und der amerikanischen Wirtschaft auf unseren Jubiläumszeitraum – 25 Jahre – projizieren. Seien Sie unbesorgt, ich werde Sie nicht mit Zahlen zudecken. Wenn wir das Jahr 1952 mit »100« als Index ansetzen, so haben wir einige gute Ziffern für die Entwicklung in Deutschland: Unser Bruttosozialprodukt stieg von 100 auf 370, bei den Amerikanern auf 220; unsere Industrieproduktion auf 400, bei den Amerikanern auf 260; unsere Preise auf 205, bei den Amerikanern auf 225; und unsere Exporte – die Unterschiede sind uns geläufig – auf 1650, bei den Amerikanern auf 900, wobei wir anmerken wollen, daß an all diesen positiven deutschen Entwicklungen amerikanische Investitionen in diesem Zeitraum von etwas mehr als 20 Milliarden DM ihren Anteil hatten. Dieses positive Bild wird getrübt, wenn wir die Staatsausgaben betrachten. Es ist die einzig drastisch umgekehrte Relation, Amerika von 100 auf 600, wir auf 850.
Wenn wir uns nun die Detailrechnung ansehen, wie der Unternehmer in seinem Bemühen, einen Ertrag zu erwirtschaften, in diesen beiden Ländern gestellt ist, und wir den Zeitraum verkürzen auf 1960 zu 1975, dann sind – vor Steuern – die Gewinne amerikanischer Unternehmen von 100 (1960) auf 94 gefallen, die Gewinne der deutschen Unternehmen von 100 auf 45. Und wenn Sie die Ergebnisse nach Steuern sehen wollen – wer die Rechnungen einschätzen kann, der weiß, daß dahinter eben die Politik steht –, dann müssen Sie sehen, daß die Amerikaner von 100 auf 105 gestiegen, wir aber von 100 auf 42 gefallen sind. Und an diesem Ergebnis wird auch deutlich, daß in unserer Sozialrechnung, die ja

weitgehend mit der Staatsrechnung identisch wird, die Steigerungsraten weit über denen unserer amerikanischen Freunde liegen. Und schließlich ist noch anzumerken, daß beispielsweise der durch das Aufkommen unseres Staates nicht gedeckte Teil seines Aufwandes, der am Markt durch Kredite finanziert werden muß, immerhin schon mehr als 4% unseres gesamten Bruttosozialproduktes ausmacht; bei den Amerikanern ist dieser Betrag auch heute noch – trotz aller Initiativen, die Präsident Carter angezeigt hat – prozentual etwa nur halb so groß.
In dem Bericht der Cyanamid für das vergangene Jahr heißt es: »No company can grow and prosper without an abiding concern for social and employees' needs.«
Wir unterschreiben diesen Satz uneingeschränkt. Und wir sind stolz, in einem Land zu leben, das in seiner sozialen Vorsorge und Leistung immer eine Spitzenstellung eingenommen hat. Jetzt aber, wo dieser Staat zu teuer wird und durch die Kosten seiner Leistungen abfällt, ja seine Dienste für uns unerschwinglich werden und sich die soziale Absicht zum Teil in ihr Gegenteil verkehrt, ist es notwendig, daß wir diese für unsere Zukunft in Deutschland entscheidende Frage sehr direkt ansprechen.
Ich darf daran erinnern, daß seriöse Analysen für dieses Land und andere Länder nachweisen, daß der Staat dem von allen so gewünschten Wachstum seit etwa 15 Jahren in einer Weise im Wege steht, die man etwa dahin hochrechnen kann, daß das Wachstum um ein Drittel höher hätte verwirklicht werden können bei einer etwas verhalteneren, sparsamen Politik der Staatsausgaben. Etwa vier Fünftel aller Einkünfte des Staates werden von ihm selbst in seinen Einrichtungen verbraucht. Anders ausgedrückt: Im Verhältnis 4:1 frißt der Staat uns auf – und nur mit einem Fünftel steht er uns für In-

vestitionszwecke zur Verfügung. Entscheidend geht es heute aber auch darum, daß der Staat, statt soziale Sicherheit zu schaffen, auch soziale Schranken aufgerichtet hat, nämlich Schranken zwischen denen, die Arbeit besitzen, und denen, die Arbeit nicht finden, weil die Kosten der Produktion in diesem Lande eben auch wegen der hohen Anforderung des Sozialetats an den Unternehmer die unternehmerische Initiative verkümmern lassen.

Wir müssen uns schon einmal mehr die klare, die kritische Frage stellen, ob dieser Staat mit der Zielrichtung, er erfülle seine sozialen und wirtschaftspolitischen Zwecke zugleich in einem Schritt dann am besten, wenn er Lohnerhöhungen ihren Lauf ließe, denn in diesen Lohnerhöhungen liege der Schlüssel zum Konsum, und im Schlüssel zum Konsum liege der Schlüssel zu Kontinuität des industriellen Prozesses und des Wachstums, ob diese auf die Expansion der Löhne abgestellte Politik wirklich richtig ist. Nur wenige Zahlen zum Nachdenken:

1976 hat alles, was hier arbeitet, nicht angestellt, öffentlich angestellt, privat angestellt, 370 Milliarden DM verdient – nach Steuern! Wir haben an Pensionen, Renten, Unterstützungen im gleichen Zeitraum 180 Milliarden DM ausgezahlt, d.h., fast 50% des gesamten aktiven Einkommens werden heute im Wege eines besonderen Sozialtransfers vermittelt; so dicht ist der Versorgte an das aktive Einkommen herangekommen. Das wird niemandem geschenkt, das wird uns nicht geschenkt. Das Spiegelbild ist, daß der deutsche Arbeitnehmer heute im Durchschnitt 42% seines Einkommens an Steuern und an Soziallasten abführt. Der Beitrag des Unternehmers hat sich seit 1970 von 40 auf 90 Milliarden DM mehr als verdoppelt. Das Entscheidende steht zwischen den Zeilen: Hinter einer Steigerung der Stundenlöhne in

Deutschland seit 1970 um etwa 85% stehen um diesen Satz gestiegene reale Kostengrößen, die auf unseren Unternehmen lasten, die Produktion hemmen, zum Teil verhindern. Wie sieht es mit dem Nutzen aus, mit dem sozialen Erfolg für den Arbeitnehmer? Die Nettolohnsumme vergrößerte sich im angegebenen Zeitraum nur um 53%. Zieht man überdies die Inflationsrate ab, so verbleibt im Endergebnis ein Zuwachs an Kaufkraft – verteilt auf 6 Jahre – von 10%. Und aus dieser Proportion von Kostenzuwachs und Sozialzuwachs soll die Initiative des Unternehmers für neue Investitionen wachsen?

Noch einmal: Gegen den sozialen Staat – wer will gegen ihn seine Stimme erheben! Es bleibt aber unsere Pflicht, die sozialen Daten dann anzusprechen, wenn der Staat selbst die Grenzen seiner Leistungskraft offensichtlich übersteigt und die sozialen Impulse aus Lohnerhöhungen ganz gewiß nicht die erhofften Erfolge einer konjunkturellen Belebung einleiten können. Vergessen wir nie, daß Investitionen ein unverzichtbarer Teil jeder Entwicklung und auch jeder sozialen Entwicklung in diesem Lande gewesen sind. Man hat Eisenbahnen nicht gebaut, weil die Fußgänger in ihrer Mehrheit als Konsumenten der Auffassung waren, wir brauchen einen Schienenweg, sondern weil Unternehmer, manchmal sogar in Begleitung von Bankiers, diesen neuen technischen Vorschlag als nützlich für alle und auch – man verzeihe das – als nützlich für sich kalkuliert hatten.

Für die Zukunft müssen unsere Chancen errechenbar bleiben, und der Himmel bewahre uns vor Unternehmen, die nicht mehr rechnen wollen oder gar nicht mehr rechnen können. Womit können wir, womit können Sie in der Zukunft rechnen?

Ob sich der Staat so bald in seinen wesentlichen Elementen

verändert, dazu steht mir eine Aussage nicht zu. Ich finde es aber positiv, daß die Sparsamkeit eines Staatswesens immerhin zu einem politischen Argument und damit zu einer politischen Kraft geworden ist. Das gilt für die Vereinigten Staaten von Amerika genauso wie für Europa. Die Frage ist nur, wieviel Zeit zwischen der These und der Einsicht und ihrer Verwirklichung vergeht. Daß wir etwa eine Chance haben, zu dem Ideal, man verzeihe mir das in Bayern, der alten preußischen Staatsführung zurückzukommen, ist wohl auszuschließen. Damals hatte ein großer König seinen Staatshaushalt noch persönlich in der Tasche, er kannte sich noch aus in jeder einzelnen Position; er – selbst ein Symbol der Sparsamkeit – unterhielt die größte Armee seiner Zeit, gewann einen bedeutenden Krieg, führte nahezu schuldenfrei seinen Staat, überließ ihn mit einem großen Schatz seinem Nachfolger, verwirklichte das größte Arbeitsbeschaffungsprogramm seiner Zeit, stellte ein riesiges Siedlungsprogramm dar, brachte das kulturelle Leben zugleich zur Blüte und sorgte noch dafür, daß man beispielsweise in die Oper zu Berlin freien Eintritt genoß. Dies alles gelte uns als Ideal – vielleicht – und als Argument, auch in Bayern, auch in Deutschland, auch in den Vereinigten Staaten von Amerika. Denn dieser König war Ihrer Revolution von seinem Verstande her und als ein liberaler Mann sehr gewogen.

Was wir Ihnen aber zusagen können – mit Sicherheit – ist, daß dieses Land in seiner Regierung und mit all seinen regierenden Kräften loyal bleiben wird, nicht nur gegenüber den großen Verpflichtungen, die wir miteinander tragen, sondern auch in unseren Bindungen als Glieder einer freiheitlichen Wirtschaftsordnung.

Diese Loyalität können Sie für die Zusammenarbeit mit uns allen, Ihren Gästen, für die Zukunft voraussetzen. Wir haben wieder einmal den Eindruck, daß das deutsch-amerikanische Verhältnis auch schwersten Belastungen standhält. Ich meine damit nicht etwa die Kontroverse, die sich mehr oder weniger in der Regierungsspitze um die richtige Wirtschaftspolitik abgespielt hat, ich meine damit auch nicht die uns recht betreffende Argumentation der amerikanischen Regierung, daß im Verbrauch spezifischer Energien eine Unterscheidung getroffen werden müßte, beispielsweise zwischen uns, einigen Lateinamerikanern und den Vereinigten Staaten, das meine ich nicht. Ich meine die Herausforderung des Cosmos, der für uns bis vor kurzem eine Einrichtung war, die wir an unserem Sternenhimmel wahrnahmen. Inzwischen aber ist es ein amerikanischer Fußball-Club, der nach dem Besten unseres Landes greift. Wir würden Sie, unsere amerikanischen Freunde, schon dringend bitten, dafür zu sorgen, daß dies keine Fortsetzung erfährt, denn hier werden wir im Mark getroffen!

Die Welt gefällt sich zur Zeit, die Weisheit und die Wirklichkeit allen Wachstums in Frage zu stellen, und an die Stelle eines naiven Glaubens, daß alles ununterbrochen positiv weitergehe, ist eine ebenso naive Furcht getreten, daß wir in eine Zeit der gebrochenen, der abgebrochenen Chancen eintreten. Obwohl der wesentliche Indikator für alles Wachstum, nämlich das Wachstum der Menschheit – man begrüße das, man beklage das –, in keiner Weise eingeschränkt ist. Man bedrängt uns ganz gewiß in den kommenden Jahren, und man setzt – wir haben das erfahren – Rohstoffe und Energiereserven auch als Waffe gegen uns ein. Aber wenn es denn sein muß, meine Damen und Herren, wir können uns auch wehren, friedlich, wie gewohnt, mit unseren Köpfen. Denn eines ist gewiß, wenn auch Rohstoffe, Mineralien, Energiequellen knapp werden und wenn wir sparen müssen: Es ist ebenso gewiß, daß Chemie und Physik, die sicher mächtigsten Organisationsformen menschlicher Intelligenz, den Schlüssel zu fast allem in der Hand haben, was uns heute als Aufgabe beschäftigt.

Wir kennen unsere Sorgen, und wir kennen auch einige Sorgen der Chemie, in der Kapazität, im Absatz; aber gleichgültig, wie die Stimmung am Markt gelegentlich sein mag: Ich meine, daß die große Stunde der Chemie noch vor der Menschheit liegt. Denn ob es das Ernährungsproblem ist, das Materialproblem, das Rohstoffproblem, die Energiefrage, die Umweltfrage und nicht zuletzt das Kostenproblem – entscheidende Fragen unserer Unabhängigkeit: sie sind alle mehr oder weniger lösbar über die außerordentlichen Reserven, die in dieser Wissenschaft, in dieser Forschung und in diesem technischen Wissen eingebunden sind.

So sind die Glückwünsche an Sie zugleich eine Erwartung von uns an Ihre Fähigkeit zur Entwicklung in den vielen Ländern, in denen Sie tätig sind, vor allen Dingen hier in Deutschland. Wir erwarten von Ihnen die bisher bewiesene Fähigkeit zu einer Balance von Realität und Hoffnung, vor allen Dingen aber erwarten wir, daß das amerikanisch-deutsche Verhältnis, die große Chance für eine abgesicherte Entwicklung der freien Wirtschaft in dieser Welt, daß sich dieses Verhältnis immer in besten Konditionen befindet. Für den Fall, daß die Regierungen gelegentlich unterschiedlicher Meinung sein sollten – hier könnten die vielen Unternehmen, die auf beiden Seiten des Atlantiks tätig sind, ausgleichend einwirken. Die Erfahrung, die wir beiderseits beziehen, Sie aus Ihren starken Investitionen in Deutschland, wir aus unseren zunehmend größeren Investitionen in den Vereinigten Staaten, ich glaube, sie sind eine ganz große Kraft, deren Wirksamkeit wir für eine abgewogene Gestaltung der Zukunft gar nicht überschätzen können.

Die Gegenwart ist beherrscht von dem Stichwort »Verschwendung«. Präsident Truman hat in der Jahresbotschaft seines letzten Amtsjahres 1952, vor 25 Jahren, gesagt: »Um das sicherzustellen, was für uns lebensnotwendig ist, müssen wir vieles aufgeben, was uns eine angenehme Gewohnheit geworden ist.«
25 Jahre später hatte Präsident Carter diesen Satz in seiner kürzlichen Erklärung ohne weiteres unterbringen können. Wir stehen vor der gleichen Frage, wenn auch sicher mit einem etwas veränderten Inhalt.
Wir sollten uns in Deutschland darüber im klaren sein, daß unsere Existenz weniger als die Ihrige davon abhängt, Energie einzusparen, einfach weil, mit Verlaub gesagt, der Grad unserer Verschwendung etwas geringer ist. Bei uns beginnt das Einsparen dort, wo es kritischer und schmerzlicher sein kann, nämlich wo wir unsere eigenen Kräfte, unsere menschlichen Kräfte, rationeller und auch sparsamer, kostengünstiger, einzusetzen haben.
Wenn wir denn ein Zeitalter der Verschwendung verlassen, aber dagegen gemeinsam gewinnen sollten ein Zeitalter, in dem Klugheit und Vorsorge einen größeren Rang haben, nun, ich glaube, dagegen hätte niemand etwas einzuwenden. In diesem Sinne, meine Damen und Herren, vereinigen wir unsere Glückwünsche und unser Glückauf auf die Cyanamid GmbH.

FÜR LIBERALITÄT UND PRODUKTIVITÄT

Lassen Sie uns nun einiges über die künftigen Aspekte sagen, unter denen wir unsere Arbeit sehen. Unsere entscheidende Aufgabe wird es bleiben, der deutschen Wirtschaft im In- und Ausland zu dienen. Ein wesentlicher Teil dieses Dienstes besteht in der Bereitschaft zur weltweiten Zusammenarbeit und der entsprechenden Bereitstellung von Mitteln. Die Einschätzung des Marktes, also insbesondere des Zeitpunktes, zu dem die deutsche Wirtschaft im In- und Ausland wieder verstärkt diese Dienste in Anspruch nehmen wird, ist schwierig geworden. Wir müssen uns auf eine längere Wartezeit einrichten, eine Wartezeit, die für die deutsche Wirtschaft auch einige positive Aspekte besitzt, wenn wir nur an die reichlich vorhandene Liquidität denken, die für viele Unternehmen ihre Existenz unter wesentlich erschwerten Umständen absichert. Wenn wir uns allein auf die Gegebenheiten und Chancen der Märkte so, wie sie sich heute dem Bankier darstellen, ausrichten wollten, so erscheint das Feld für eine weltweite Betätigung bedeutender Banken beinahe ohne Grenzen. Es mag zu den Gefahren unserer Zeit gehören, daß sich die großen, international tätigen Banken der führenden

---

Aus der Rede auf der Hauptversammlung der Dresdner Bank AG am 5. Mai 1977 in Frankfurt a. M.-Höchst.

Industrienationen durch eine mehr oder weniger enttäuschend verlaufende Konjunktur in ihrem eigenen Land angeregt sehen könnten, die ihnen zur Verfügung stehenden Mittel zunehmend international einzusetzen. Die großen Finanzierungen durch große Banken sind allenthalben im Gespräch. Die Diskussion konzentriert sich auf die Verschuldung und Zahlungsfähigkeit der Entwicklungsländer und der Staatshandelsländer. Lassen Sie mich zu diesem Problemkreis folgendes anmerken:
Auch für unser Engagement in diesen Regionen gilt der Grundsatz, daß wir den Interessen der deutschen Wirtschaft vorrangig verpflichtet sind. Für weite Teile der Welt ist dieses Interesse identisch mit der Finanzierungsfähigkeit des Welthandels, insbesondere dort, wo einerseits gegenwärtig und künftig ein hoher Bedarf an industriellen Ausrüstungen zu decken ist, andererseits aber die Bereitstellung von Mitteln, etwa aus der eigenen Ersparnisbildung, noch nicht gewährleistet ist. Bei dem gegebenen Ungleichgewicht auf dieser Erde wächst den großen Banken eine zentrale Verantwortung für die Funktionsfähigkeit des Waren- und Güteraustausches zu. Über sie und den Kredit, den sie selbst genießen, war es jedenfalls bisher weitgehend möglich, den Geld- und Kapitalmangel eines gewichtigen Teils der Weltwirtschaft zu überbrücken mit dem Geld- und Kapitalüberschuß, der anderen Volkswirtschaften, insbesondere aus der Gewinnung von Energie und Rohstoffen, zuwächst.
Unsere Maßstäbe für unsere Teilnahme an diesen Finanzierungen sind die folgenden: Wir sind eine private Bank, und soweit wir die uns anvertrauten Gelder vermitteln, kann dies nur nach den Grundsätzen geschehen, die für unsere Treuhandfunktion im übrigen auch gelten. Das heißt, wir müssen für die Leistungsfähigkeit des Kreditnehmers, für den

Nachweis der Verwendung der Mittel und für die Hochrechnung seiner Ertragsaussichten, an die wir die Rückzahlung und Verzinsung der Kredite anschließen können, stets vergleichbare, im klassischen Bankgeschäft bewährte Maßstäbe anlegen. Soweit es dabei um Entwicklungsländer und Staatshandelsländer geht, haben wir es fast ausschließlich mit staatlichen Adressen zu tun: Dies macht unsere Arbeit unter den skizzierten Maßstäben nicht leichter. Die Politik unserer Ausleihungen ist daher notwendig verbunden mit einer Absicherung durch deutsche staatliche oder private Stellen. Sie sollte in zunehmendem Maße auch verbunden sein mit parallelen und führenden Krediten internationaler Organisationen, insbesondere des Internationalen Währungsfonds. Soweit in einzelnen Staaten die außerwirtschaftliche Situation, insbesondere die Zahlungsbilanz, zum Problem gerät – dieser Problemkreis beschränkt sich im übrigen nicht etwa auf die Entwicklungs- oder Staatshandelsländer –, befinden wir uns auf der Grundlage dieser unserer Politik in weitgehend abgesicherten Risikofeldern.

Sie werden nicht erwarten, daß wir unsere Engagements ländermäßig durchgehen, aber zusammengefaßt möchte ich drei Feststellungen treffen:

1. Nicht das Volumen der Auslandsverschuldung in bestimmten Regionen bereitet Sorgen, sondern der verhältnismäßig rasche Anstieg der Engagements in wenigen Jahren. Wir sehen gleichwohl für die von uns herausgelegten oder zugesagten Linien keine Probleme. Das Auslandsengagement der Dresdner Bank verteilt sich nach unserer Auffassung ausgewogen auf Industrieländer, Entwicklungsländer und Staatshandelsländer, wobei letztere einen Anteil von etwa 10% haben.
2. Uns beschäftigt im internationalen Geschäft nicht die

Sorge, daß der Kreditbedarf vom Umfang her an den Märkten nicht zu finanzieren wäre; wir halten vielmehr nicht zuletzt die Euro-Märkte für hinreichend zuverlässig und ergiebig auch in die kommenden Jahre hinein. Unsere Sorge ist mehr das Mißverhältnis von Risiko und Ertrag in diesem Geschäft: Die Finanzierungsvorstellungen stehen, vor allem bei den Staatshandelsländern, mit der Realität der Märkte noch immer nicht im Einklang.

3. Die Kredite an Entwicklungsländer und an Staatshandelsländer sind im einzelnen sehr differenziert zu betrachten. Unser Bemühen ist darauf ausgerichtet, im Zusammenhang mit dem deutschen Außenhandel Investitionen zu finanzieren, die in den Empfängerländern nicht zuletzt Exportkapazitäten schaffen und damit auch den Zugang zu Devisen aufschließen können, über die allein die Verschuldung und die internationalen Ungleichgewichte abzubauen sind. Meine Bemerkung über den im einzelnen sehr unterschiedlichen Verlauf der Entwicklung bezieht sich auch auf die Staatshandelsländer. Unter diesen zeigt – und das haben wir vor Jahresfrist einigermaßen zutreffend vorausgesagt – die Sowjetunion bemerkenswerte Ansätze zu einer Konsolidierung des Außenhandels.

Unsere Erwartungen für 1977 werden weitgehend bestimmt von dem Verlauf der Konjunktur in unserem Land und jenseits der Grenzen. Die deutsche Sprache ist in den vergangenen Jahren befrachtet worden mit eindrucksvollen Umschreibungen ökonomischer Hoffnungen und Enttäuschungen. Doch auch die sorgfältigste Beschreibung des Patienten hat seinen Puls nicht angeregt. Es gibt zur Sache gleichfalls wenig her, wenn mit fast jeder konjunkturellen Analyse die jeweils Regierenden in den Anklagezustand versetzt werden. Dies soll nicht bedeuten, daß wir etwa unser Gedächtnis für

bestimmte Versäumnisse gelöscht hätten, insbesondere was die so gern als Neutralität dargestellte Passivität des Staates in der für unsere Entwicklung so verhängnisvollen Frage der Lohnkosten betrifft. Wir sind der Auffassung, daß unter den gegebenen Umständen das Investitionsprogramm der Bundesregierung in seiner Dosierung und in seiner Zielrichtung einen vernünftigen Mittelweg eingeschlagen hat. Es wird das Beschäftigungsproblem kurzfristig nicht lösen können, es hält aber den Markt offen für eine Niedrigzinspolitik und für die Chance, daß sich die Finanzierungsströme wieder produktiven Investitionen in der deutschen Wirtschaft zuwenden können. Letzten Endes schließt die Politik der Bundesregierung an eine Erfahrung an, die eigentlich in aller Welt gemacht sein sollte, nämlich daß Wachstum, das die Grenzen der Produktivität aus den Augen verliert und deshalb in Inflation umschlagen muß, schon den Namen Wachstum nicht mehr verdient.
Unsere Gesellschaft und unser Staat gründen sich zugleich auf das Privileg und das Risiko des freien Entschlusses jedes einzelnen Bürgers. Er ist frei in seinem Verbrauch, er ist frei in seinen Investitionen, er ist frei in seinem Umgang mit seinem eigenen Geld und mit fremdem Geld. Diese Freiheit war und ist nicht unsere Schwäche, sie war unsere Stärke und muß unsere Stärke bleiben. Unsere Gesellschaft und unsere Wirtschaft beruhen auf der Kraft von Überzeugungen und nicht etwa auf der Lautstärke von Deklamationen oder gar Drohungen, die bekanntlich ohnehin die Neigung haben, Ursache und Wirkung auf den Kopf zu stellen.
Welche Aussage erlauben uns die heute verfügbaren Zahlen? Einige positive Aspekte: Die Ausfuhr trägt weiterhin die deutsche Wirtschaft; die deutschen Exporte sind im ersten Quartal dieses Jahres nochmals um 10% angestiegen. Der

Überschuß unserer Handelsbilanz liegt höher als vor einem Jahr. Nach Wirtschaftszweigen im einzelnen gesehen ist und bleibt die Lage labil und stark differenziert. Insgesamt ist das Volumen unserer Industrieproduktion heute erst wieder dort angelangt, wo wir 1974 den Weg in die Rezession angetreten haben. Im Vergleich zu diesem Zeitpunkt haben sich aber – Schicksalsfrage für unsere Wirtschaft – die Stundenlöhne in der Industrie um mehr als 20% erhöht; sie haben sich innerhalb von 8 Jahren verdoppelt. Und die Zahl der in unserer Wirtschaft Beschäftigten ist – ebenfalls seit 1974 – um mehr als 1 Million zurückgegangen; das heißt, wir befinden uns wieder auf dem Beschäftigungsstand des Jahres 1963, wobei wir allerdings immer noch 1 Million ausländischer Arbeitskräfte mehr als damals beschäftigen.

Was können wir tun, um der deutschen Wirtschaft über eine Phase deutlicher Risiken und nicht abgesicherter Chancen in die Zukunft hineinzuhelfen? Lassen Sie mich einige Punkte aufzählen:

Wenn wir die Dinge richtig sehen, so vereinfacht sich – über alle Weissagungen und Gutachten hinweg und vorbei auch an den 75 sogenannten „linken" Professoren, denen auch nichts Rechtes eingefallen ist – die Fragestellung dahin, wieviel Intelligenz wir willens und in der Lage sind, in eigener Sache zu investieren. Wir meinen damit zunächst, wie weit wir die reichlich gemachten Erfahrungen unseren künftigen Entscheidungen zugrunde legen wollen, wie weit wir fähig sind, unsere eigenen Interessen zu erkennen und diesen Interessen entsprechend zu handeln. Die deutsche Wirtschaft steht in einem harten Wettbewerb, sie trägt aber eine Reihe von Belastungen, die ihr nicht von außen auferlegt sind, sondern die im eigenen Lande entstehen. Unser herausragendes Problem sind die Kosten, die wir uns letzten Endes selbst schaffen.

Wenn dies richtig ist, so kann es für die Stärkung unserer Wirtschaftskraft im Inland und unsere Teilnahme am internationalen Wettbewerb keine andere Priorität geben, als unsere Kosten so niedrig wie möglich zu halten. Nur aus einer günstigen Kostenkalkulation heraus wird das unternehmerische Interesse an den nicht nur bei uns, sondern weltweit erwarteten Investitionen angeregt und verwirklicht werden.
Für uns in Deutschland und für uns als eine in erster Linie für dieses Land tätige Bank heißt dies, daß wir einzutreten haben
- für möglichst niedrige Zinsen,
- für möglichst niedrige Steuern,
- für möglichst niedrige Arbeitskosten,
- für möglichst niedrige Energiekosten,
- für einen unverändert offenen Kapital- und Warenverkehr mit allen Teilen der Welt, über alle Grenzen hinweg, soweit dies nur möglich ist.

Einige Bemerkungen hierzu im einzelnen.
Zu den Zinsen: Wir freuen uns, daß in der Frage der Zinspolitik zwischen der Bundesregierung, der Bundesbank, den Kreditbanken und nunmehr auch den Konjunkturforschungsinstituten eine seltene Einmütigkeit besteht. Sehen wir zu, daß wir entsprechend handeln. Wir erneuern unseren Appell, die Wirtschaft mit ausreichender Liquidität versehen zu halten und in den Leitzinsen eher eine Bewegung nach unten als nach oben zuzulassen. Wir werden unsererseits alles tun, um Konjunkturanregungen zu fördern, soweit sie insbesondere von Krediten an unsere breite mittelständische Kundschaft oder von speziellen Programmen abhängen.
Zu den Steuern: Hier ist der Konflikt zwischen Staat und Staatsbürger vorgegeben. Setzen wir aber die notwendige Anregung unternehmerischer Tätigkeit in den Mittelpunkt unserer Überlegungen, dann ist die Reduzierung der ertrags-

unabhängigen Steuern, die auf den Unternehmen lasten, unverändert vorrangig. Steuererhöhungen wollen in das konjunkturelle Bild gewiß nicht passen. Vor die Wahl gestellt, erscheint uns aber die breite Umlage der Mehrwertsteuer das bessere und auch das wettbewerbsneutralere Instrument, um die Finanzierungsbedürfnisse des Staates nicht zuletzt für seine eigenen Investitionsprogramme abzudecken.

Zu den Arbeitskosten können wir nur wiederholen, was seit langem Allgemeingut aller Einsichtigen ist: Lohnerhöhungen über die Produktivität hinaus zerstören Produktion, Arbeitsplätze und soziale Sicherheit. Sie drängen die Produktion aus dem Lande, und günstigstenfalls legt die Inflation das Unglück zu Lasten aller um. Eines ist sicher: Wir können die Fehler der vergangenen Jahre nicht ungestraft wiederholen.

Was die Energiekosten betrifft, so ist zu hoffen, daß wir alles in allem einsichtig genug sind, die so intelligent erdachten technischen Prozesse auch für uns arbeiten zu lassen – und das heißt auch für unsere Unabhängigkeit arbeiten zu lassen.

Zur Offenhaltung der Handels- und Investitionswege: Sie wissen, daß dieses Haus sich immer bemüht hat, an das vorrangige deutsche Interesse zu erinnern, wenn es darum geht, den freien Waren- und Kapitalverkehr in allen Richtungen offenzuhalten. Deutschland muß nicht nur durch sein Arbeits- und Kostenniveau anziehend bleiben für ausländische Investitionen; die Kapitalanlage bei uns muß auch vom Ergebnis her so gesichert wie möglich bleiben.

Es ist in diesem Zusammenhang leider einmal mehr anzumerken, daß die von unserem Gesetzgeber wohl kaum beabsichtigte deutliche Diskriminierung ausländischer Kapitalinvestitionen in Deutschland so rasch wie möglich korrigiert werden muß. Wenn es auch gewiß nicht die Aufgabe des

Staates ist, den Standard seiner Einkommensteuerregelung international durchzusetzen, so sollte man sich aber doch sehr über die Nachteile für uns im klaren sein, wenn in der Bundesrepublik Deutschland inländische und ausländische Aktionäre vom Grundsatz her als zwei Kategorien gesehen werden. Entscheidende Impulse für den deutschen Wiederaufbau und den Fortgang der Investitionen in diesem Lande, an denen wir dringlicher denn je interessiert sind, haben ausländische Kapitalgeber, große Aktionäre und sehr viele kleine Aktionäre, gegeben. Wir laufen Gefahr, uns selbst Schaden zuzufügen, wenn die gegenwärtige Regelung keine Änderung erfährt – einmal abgesehen davon, daß sich auch andere Staaten angeregt sehen könnten, die deutschen Kapitalanlagen in ihren Ländern steuerlich zu benachteiligen.
In diesem Zusammenhang darf einmal an die eindrucksvollen deutschen Investitionen im Ausland erinnert werden. Wir haben nach diesem Kriege bereits mehr als 100 Mrd. DM in dieser oder jener Form im Ausland investiert. Diese Kapitalanlagen sind nicht vorstellbar ohne eine gegenläufige starke Investitionstätigkeit vieler Ausländer hier in Deutschland. Besonders erfreulich erscheint uns, daß deutsche Unternehmen in den vergangenen zwei Jahren fast 3 ½ Mrd. DM für Investitionen in Entwicklungsländern aufgewandt haben, womit sich der Gesambetrag für diesen Bereich um rund ein Drittel auf fast 15 Mrd. DM erhöht hat. Hinter diesen Zahlen stehen große unternehmerische Anstrengungen und auch beachtliche Risiken. Dies ist aber der uns angemessene Weg, Entwicklungshilfe zu leisten, zumal die öffentlichen Haushalte ihren Beitrag aller Voraussicht nach weiter in engen Grenzen halten müssen.
Und schließlich – auch im Zusammenhang mit ausländischen Investitionen in Deutschland und unseren Anlagen im Aus-

land – noch ein Wort zu unseren Wettbewerbsproblemen im eigenen Haus. Wir melden unsere Sorge an, wenn wir an die gelegentlich unabweisbare Bereinigung kritischer Situationen für eine Vielzahl von Unternehmen denken und sehen, daß in gewichtigen Einzelfällen die ordnungspolitischen Vorstellungen, die unserer Kartellbehörde auferlegt sind, einer raschen Ordnung im Wege stehen können. Wir glauben, uns auf die Unterscheidung von Ideal und Wirklichkeit zu verstehen, und selbstverständlich haben auch wir volles Verständnis für das Konzept einer Politik, die die Funktionsfähigkeit des Wettbewerbs dadurch abzusichern sucht, daß sie das Wachstum von Unternehmen in sehr potente Größenordnungen hinein kritisch verfolgt. Wir dürfen uns aber in einer angespannten Lage nicht selbst im Wege stehen.
Unsere gesamtwirtschaftliche Situation erfordert es, daß unsere Wirtschaft ihre Überlebenschancen im eigenen Land voll wahrnehmen kann. Wir stehen unabweisbar vor der Frage, ob wir nicht veränderte Antworten auf einige ordnungspolitische Grundsatzfragen finden müssen, ob wir nicht die Prioritäten heute anders setzen müssen als vor einigen Jahren und ob nicht der Schutz des Arbeitsplatzes und die Stabilisierung der Arbeitsmöglichkeiten hier bei uns im Lande pragmatisch allen anderen Überlegungen voranzustellen sind. Niemand zieht die Bedeutung des Wettbewerbs für unsere Wirtschaft in Zweifel. Wir sind aber – wir glauben, mit guten Gründen – im Zweifel darüber, ob wir mit unserer Zukunft richtig umgehen, wenn wir in der Kontrolle der Größe von Unternehmen und ihrer Marktanteile das oberste Prinzip für die Funktionsfähigkeit unserer Wirtschaft sehen.
Meine Damen und Herren, ich komme zum Schluß. Unsere heutige Hauptversammlung ist zu unserer großen Freude von sehr vielen jungen Menschen besucht. Diesen unseren

Gästen möchte ich abschließend sagen: Sie haben viel von Vergangenheit und ein wenig von der Zukunft gehört. Was die Vergangenheit und die sicher reichlich vielen Zahlen angeht, so mag Sie das so unmittelbar nicht berühren. Die Zukunft ist aber mit absoluter Gewißheit Ihre Zukunft, sie wird einmal Ihre Gegenwart sein, mit der Sie sich verantwortlich auseinandersetzen müssen. Wir wünschen Ihnen aufrichtig, daß Sie das mit Erfolg und unbefangen tun, denn nicht im Wettstreit von Intelligenz und Ideologie, sondern in dem unbefangenen Umgang mit den Tatsachen liegt der Schlüssel zu unserer Wirtschaft und wohl auch zu unserem Leben. Von diesen Maßstäben aus hat *Ludwig Erhard* die Architektur für unsere freie Wirtschaft entworfen; erhalten wir die Erinnerung an ihn und unsere Dankbarkeit dadurch lebendig, daß wir – soweit es in unseren Kräften steht – unsererseits eintreten für die Freiheit und daß wir leben in den sozialen Bindungen, die er als einen Teil der freien Wirtschaft sah, die sich auch darin niederschlagen, daß wir den Erfolg unserer Arbeit teilen.

PERSPEKTIVEN DER ENERGIEFINANZIERUNG

Besinnen wir uns einmal auf den Ursprung. Am Anfang war der Diebstahl. Prometheus, der Titan, stahl aus dem Kreise der Götter das Feuer. Ein Raub brachte Energie und Wärme unter die Menschen, und ein Räuber lehrte uns den Umgang mit den Kräften, den die Götter sich vorbehalten hatten. Der Fluch und die Strafe des Zeus schmiedeten den Dieb unter täglich neuen Qualen an die Felsen des Kaukasus. Von Anfang an war also, im Umgang mit der Energie, die Drohung der Götter unter uns, das Risiko, mit dem Feuer umzugehen – mit dem gebändigten Feuer, in das sich letzten Endes alle Energie verwandelt. Was mir übrigens an der Arbeit des Prometheus besonders gut gefällt, ist, daß sich an der Bereitstellung von Energie damals nachweislich kein Bankier beteiligt hat. Das hat sich geändert, und davon soll hier die Rede sein.

Heute begleitet der Finanzmann – erwünscht oder unerwünscht – den Techniker durch eine Welt des weithin kontrollierten Risikos, dessen Dimensionen es sich schon vorzustellen gilt – einmal jenseits der Bezifferung im Detail! Wir sind uns sicher schnell darüber einig, daß die letzten 100 bis

---

Vortrag bei der Mitgliederversammlung der Vereinigung Deutscher Elektrizitätswerke, VDEW, in München am 24. Mai 1977.

150 Jahre aus aller Erfahrung in der Weltgeschichte dadurch herausragen, daß sie eine Revolution im Umgang mit der Energie und eine Revolution auch im Wechsel der Energiequellen eingeleitet haben.
Vergegenwärtigen wir uns, daß noch 1850 90% der Primärenergie beispielsweise in den Vereinigten Staaten dem Holz und nur 10% der Kohle entnommen wurden. Vergegenwärtigen wir uns, daß dann schrittweise das Petroleum vordrang, vornehmlich als Beleuchtungsmittel, um der Verteuerung und Verknappung des Walöls entgegenzutreten. Stellen wir uns vor, daß seither Generationen von Erfindern an der Erschließung und an der Verteilung der elektrischen Energie gearbeitet haben, und daß Hunderte von Milliarden in allen Währungen der Welt in diesen Prozeß investiert worden sind. Ziehen wir weiter in Betracht die Bedrohung der Energiequellen aus den verschiedensten politischen und unpolitischen Motiven von der Kohle über das Öl bis zum Uran hin. Bedenken wir den Wandel in den Gewohnheiten des Verbrauchs von Energie etwa im Haushalt: Sehen wir nur auf die abrupte Abkehr von Kohle und Koks, diese Volksabstimmung im deutschen Kohlenkeller gegen den unbequemen Umgang mit dem schwarzen Staube, hin zu dem zunächst so sehr viel freundlicher erscheinenden Öl.
Ziehen wir all das zusammen, dann wird auch etwas deutlich von den Dimensionen des Risikos, das sich allein aus dem Wandel in der Verwendung von Energie im weitesten Sinne ableitet, ein Risiko, das sich letzten Endes nicht nur für den Bankier, sondern für die Volkswirtschaft insgesamt niederschlagen kann in vergeudetem Geld, in verlorenem Kapital. Nun, der Finanzmann, er kann es sich wohl am wenigsten leisten, von den Tatsachen und Gefahren seiner Zeit ausgeschlossen zu sein. Die Antworten, die die Zeit von uns er-

wartet in der Bereitstellung und Verteilung von Energie, in der Verbesserung und Verbilligung des Verbrauchs, in der Abwendung von Gefahren und in der Absicherung gegenüber Bedrohungen und auch Erpressungen, die Antworten, die zu finden sind, sie sind auch Antworten der Finanzierung. Da aber der Bankier seine Aufgabe nur dann sinnvoll erfüllt, wenn er den Verlust von Kapital vermeidet – und auch Kapital ist Energie –, bleibt er gebunden, einige klassische Regeln des Spiels einzuhalten, wenn es um die Kasse geht. Und dazu gehört das Erfassen nicht nur der Verhältnismäßigkeit von Aufwand und kalkuliertem Nutzen, von Einsatz und Ergebnis, von der Fähigkeit, Schulden zu machen und sie auch abzudecken, dazu gehört vor allem das Denken und Handeln in angemessenen Fristen.

Der Zwang, innerhalb eines gesetzten Zeitraums Zukunft überschaubar zu machen – das ist ein wesentlicher Teil unseres Handwerks, und hier beginnt nun ein Dilemma, das zumindest in seinen Abmessungen neu für uns ist. Und davon möchte ich zunächst sprechen, nachdem wir uns einmal mehr vergewissert haben, daß in dem raschen Wandel im Umgang mit der Energie allein ein Risiko eigenen Gewichts eingeschlossen ist.

Wir stehen vor einigen Phänomenen, die zumindest logisch schwer miteinander zu verbinden sind: Da lebt unsere Zeit einerseits mit der Erfahrung, daß die elektrische Energie ein Schlüsselwert unseres Lebens ist, daß diese Energie unverzichtbar ist als Schwerarbeiter in unserer Gesellschaft, als Hausknecht für jedermann, als Rechenkünstler und Hauptbuchhalter für die Technik, für die Wirtschaft, für die Wissenschaft, und daß unsere auf Freisetzung von Zeit und Kraft angelegte Zivilisation als eine Zivilisation der Freiheit unlösbar verbunden ist mit eben dieser elektrischen Energie. Der

Elektrizitätsverbrauch je Arbeitsstunde hat sich seit 1950 fast verfünffacht, der Verbrauch je Haushalt nahezu versechsfacht – übrigens, in der Relation gesehen, durchaus nicht zu steigenden Kosten. 1960 mußte ein Industriearbeiter in Deutschland 5 Minuten arbeiten, um eine Kilowattstunde zu bezahlen; 1975 waren es nur noch 1,6 Minuten.

Diese Energie ist, wie wir alle wissen, tendenziell in ihrer Bereitstellung bedroht, und zwar einmal durch den rasch voranschreitenden Abbau einiger fossiler Primärenergien, andererseits aber durch die Verteuerung und mögliche Gefährdung von Quellen, die außerhalb unseres unmittelbaren Einflusses liegen. Die Bereitstellung und Absicherung gefährdeter Primärenergiequellen stellt sich von Land zu Land als eine unterschiedliche Aufgabe. Sie wird insbesondere dann zum Problem, wenn die Produktion eines Landes weitgehend von der Bereitstellung und Verwertung von Energien abhängig ist; dies trifft für alle Industrienationen zu, vor allem aber für uns. Wir wissen, daß die Situation Europas, dieses unseres Kontinents, im Vergleich zu anderen schließlich deutlich schlechter ist, insbesondere wenn wir uns vergegenwärtigen, daß dieser Kontinent in den zwanziger Jahren noch mehr Energie ausgeführt als eingeführt hat.

Was läge nun unter diesen gegebenen Umständen in Europa, besonders in unserem Lande, näher als eine Konzentration aller Kräfte hin auf die Sicherung der Unabhängigkeit unseres Energiehaushaltes, und in diesem Zusammenhang auch eine Konzentration aller Überlegungen, wie Energie – und ich sage noch einmal: auch Kapital ist Energie – vor Verschwendung bewahrt werden kann. Und hier nun setzt das Problem im Umgang mit der Logik ein. Denn obwohl die skizzierten Gefahren weithin erkannt und diskutiert werden, will eine breite öffentliche Meinung sich weit weniger mit den Gefahren des Mangels auseinandersetzen als mit den Problemen eines möglichen Überflusses. Und weithin werden beispielsweise die möglichen Grenzen des Wachstums nicht als ein Risiko, sondern als eine wünschbare Wende empfunden. Ja, die Vorstellung von einer zurückgesetzten Entwicklungsmöglichkeit, sie scheint ihren eigenen Reizwert zu besitzen.

Und noch ein weiteres: Trotz mancher Verirrung und Verwirrung im Einzelfall möchte ich meinen, man wird es als positive Hinterlassenschaft unserer Gegenwart bewerten, daß der Mensch beim Nachdenken über seine Zukunft zu dem Ergebnis kam, daß es nicht sein unabwendbares Schicksal sein muß, zwischen Rauch und Ruß und Schutt zu leben, und daß er seinen aktiven Anteil daran nehmen könne, dieser geschundenen Erde zumindest einen Teil ihres alten Gesichtes wiederzugeben.

Der Mensch steht heute, gemessen an früheren Zeiten, ungemein sensibel zu seiner Umwelt. Er sorgt sich – auch im Umgang mit der Energie – weit mehr als frühere Generationen um das Schicksal seiner Nachfahren bis in die fernste Zukunft hinein. Ja, er kann sogar in seiner gelegentlich leidenschaftlich angelegten Sorge um die Überlebensfähigkeit künftiger Generationen dazu neigen, seinem andersdenkenden Gegenüber in der Gegenwart – mangels besserer Argumente – den Schädel einzuschlagen. Und in die Widersprüche, mit denen wir zu leben haben, ist einzubeziehen die Tatsache, daß bei aller Hinwendung des Denkens für die nächsten Generationen die Entschlußfähigkeit, heute zur Absicherung der gegenwärtigen Existenzen zu handeln, deutlich abnimmt, und dies wohl auch deshalb, weil der Mensch unserer Tage in einem offensichtlich ganz anderen Verhältnis zum Risiko leben will als die Generationen vor uns, die beispielsweise in dem Verlegen von Gas- und Stromleitungen durch unsere Städte bis in unsere Häuser hinein Risiken eingingen, deren Verlauf sie im einzelnen nicht abschätzen konnten. Die Früchte dieser Arbeit, sie haben sie nur zum Teil einsammeln können. Sie fallen uns in den Schoß, und es ist wohl an der Zeit, einmal darüber nachzudenken, daß es die Risikobereitschaft einer anderen Generation war, die uns leben läßt, so wie wir heute leben.

In einer Zeit, die sich aus den skizzierten Gründen so schwer tut, in der Gegenwart für die Zukunft das Richtige zu tun, in dieser Zeit mag es nun beinahe schon eine logische Entsprechung sein, daß die Staatsautorität die ihr zugemessene Entscheidung nur zögernd wahrnimmt, ja, in ihrer eigenen Sache Zuflucht sucht bei der dritten Gewalt, dem Richterstand, und somit die letzte Instanz zur ersten Instanz für die Entscheidung über unsere Zukunft erhebt. Und wen will es wundern, daß die überforderte Justiz nach dem Sachverständigen ruft und somit unser Staat in einen von Sachverständigen regierten Staat hinüberzugleiten droht.

Nun, meine Damen und Herren, was hat das alles mit den Perspektiven der Energiefinanzierung zu tun? Ich erinnere daran: Die Kalkulierbarkeit der Zukunft, das war die wesentliche Waffe gegen die Verschwendung, gegen die Vergeudung von Kapital. Das ist mein Thema, und dazu möchte ich einiges sagen.

Ich bin mir durchaus bewußt, daß ich jetzt die ungewöhnliche Chance habe, in fast alle Fettnäpfe der Nation zugleich zu treten, ein auch für den kampferprobten Bankier nicht alltägliches Erlebnis, was ich mir aber dennoch versagen möchte. So stehe ich hier nicht, um neue Einsichten zur Notwendigkeit des Wachstums darzulegen, sondern allenfalls daran zu erinnern, daß Wachstum und Energiebereitstellung und

soziale Stabilität unserer Gesellschaft unverzichtbare Glieder ein und derselben Kette sind. Ich bin hier auch nicht erschienen, um neue Hochrechnungen der Inanspruchnahme der elektrischen Energie für die nächste Generation vorzuführen. Ich kann mir aber durchaus vorstellen, daß der Verbrauch von Strom eines fernen Tages allein schon dadurch ganz erheblich ansteigen wird, daß wir unseren Fahrzeugverkehr stufenweise vom Mineralöl auf den Batteriebetrieb umstellen. Und schließlich: Ich stehe hier sicher nicht, um ein Plädoyer für diese oder für jene Primärenergie mit ihren Vorzügen, mit ihren Nachteilen zu riskieren, auch wenn mir beispielsweise daran läge, einmal in Erinnerung zu bringen, daß wir mit der Kernenergie immerhin eine Möglichkeit besitzen, den Inflationsfaktor so gering wie nur denkbar in unserer Energiekostenrechnung zu halten.
Welche Energie auch immer wir verwenden und welche Energie auch immer wir einsparen, und wie auch immer wir von einer Energie auf eine andere Energie umschichten, der Bankier wird stets beteiligt sein. Alle Energieformen erfordern unsere Arbeit und hohen Kapitaleinsatz, und zu allem Überfluß sei noch einmal daran erinnert: Auch Energiesparen kostet hohe Investitionen. Mir geht es heute wesentlich darum, das Risiko der Ungewißheit einzugrenzen und deutlich zu machen, was Ungewißheit und Unentschlossenheit finanziell kosten.
Lassen Sie mich zunächst feststellen, daß es in Vergangenheit und Gegenwart an Finanzierungsmöglichkeiten für die deutsche Elektrizitätswirtschaft niemals gefehlt hat. Die Aktien der gemischtwirtschaftlich organisierten Energieversorgungsunternehmen galten stets als eine stabile und zukunftsträchtige Anlage. Als eine zentrale Voraussetzung für das wirtschaftliche Wachstum stand in den fünfziger Jahren die

Bereitstellung von Mitteln für die Finanzierung der Energieversorgung im Mittelpunkt aller staatlichen und privaten Anstrengungen. Die von den Größenordnungen her ungewöhnlichen Finanzierungsanforderungen der Gegenwart sind unter Inanspruchnahme neuer Finanzierungstechniken und auch neuer Finanzierungsmärkte bisher reibungslos bewältigt worden.
Zur Zeit stehen in den Büchern der deutschen Banken etwa 28 Mrd. DM Kredite an die Energiewirtschaft. Ein wesentlicher Teil der über den Bankenapparat mobilisierten Mittel erscheint aber nicht in unseren Bilanzen, sondern in den Kapitalanlagen der Versicherungsgesellschaften, und dort stehen Forderungen an die Energiewirtschaft mit mehr als 4 Mrd. DM zu Buch. Es ist dies der mit Abstand größte Betrag, den die Versicherungswirtschaft an einen einzelnen Wirtschaftszweig ausgeliehen hat.
Soweit wir die Märkte der Zukunft in diesem Lande übersehen können, würden uns auch die weiter ansteigenden Kosten der Energiewirtschaft nicht vor unlösbare Aufgaben stellen. Wir rechnen bei veränderter Zusammensetzung der arbeitenden Bevölkerung mit einer verstärkten Kapitalbildung in privater Hand bei im übrigen veränderten Anforderungen der Wirtschaft an das bereitgestellte Kapital. So gehen wir davon aus, daß bestimmte bedeutende Wirtschaftsbereiche, so z. B. die Wohnungswirtschaft, in Zukunft nicht nur einen geringeren Kapitalbedarf haben, sondern in erheblichem Umfange auch Kapital freisetzen werden.
Gleichwohl, die Unternehmen der öffentlichen Elektrizitätsversorgung werden in der Zukunft wie in der Vergangenheit die Finanzierungsmärkte im Wettbewerb zu anderen Unternehmen ansprechen müssen. Die Finanzierungs- und Besicherungsformen der deutschen Elektrizitätswirtschaft

weichen grundsätzlich nicht von denen ab, die in anderen Wirtschaftszweigen üblich sind. Die Energieversorgungsunternehmen sind unabhängig von ihrer Eigentümerstruktur und ihrer Rechtsform auf die gleichen Kapitalquellen angewiesen wie die ganze Wirtschaft, und sie müssen auch den marktüblichen Konditionen gewachsen sein.

Dabei verdienen vielleicht einige Details der Erwähnung: Etwa bis zum Jahre 1970 entsprach die Finanzstruktur der Elektrizitätsunternehmen den allgemein vorherrschenden Merkmalen und Relationen. Im Rahmen der Innenfinanzierung stellten die Abschreibungen den größten Posten dar. Rücklagen und langfristige Rückstellungen waren von geringer Bedeutung. Die Außenfinanzierung erfolgte überwiegend von Versicherungsgesellschaften und langfristigen Darlehen der Kreditinstitute, bei den großen Unternehmen auch durch die Begebung börsenfähiger Anleihen. Zur Aufrechterhaltung eines angemessenen Eigenkapitalanteils, der wichtigsten Voraussetzung für die Aufnahme von Fremdkapital, wurde das Grund- oder Stammkapital laufend angepaßt und der Kapitalmarkt mittelbar oder unmittelbar beansprucht.

Seit 1970 verzeichnen wir eine gewisse Änderung der Struktur. Die Bedeutung der Innenfinanzierung, die zwischen 70 und 80% der Mittel zur Verfügung stellte, sank. Sowohl der Anteil der Abschreibungen als auch der Anteil der sonstigen Innenfinanzierungsposten am Mittelbedarf ging stark zurück; allein die Abschreibungsquote nahm von durchschnittlich 50 bis 60% auf teilweise unter 40% ab. Diese Entwicklung beruhte weitgehend auf dem Übergang von den konventionellen Kraftwerken zu den Kernkraftwerken, den entsprechend gestiegenen Anschaffungs- und Herstellungskosten und nicht zuletzt der Ausdehnung der Bauzeit, die den Rückfluß der investierten Mittel über die Abschreibungen

erst später einsetzen läßt. Der Anteil an Rücklagen und langfristigen Rückstellungen am Mittelaufkommen sank seit 1970 von vorher über 20% auf etwas weniger als 8%.
Die ausreichende Ausstattung mit Eigenkapital zeigt zunehmend die eigenen Probleme. Von der Eigentümerstellung her gesehen überwiegt der Anteil der öffentlichen Hand; nur ein Drittel des Kapitals der EVU's befindet sich in Privatbesitz. Durch diese Struktur der Elektrizitätswirtschaft ist die Frage der Eigenkapitalfinanzierung eng mit der Haushaltssituation der öffentlichen Hand verbunden. Ausweichmöglichkeiten sind nur selten zu konstruieren und kaum wiederholbar. Die Schaffung von Vorzugsaktien für Privataktionäre hat eine besondere Problematik, für Teilprivatisierungen sind, wenn überhaupt, nur begrenzte Möglichkeiten gegeben. Einen Ausweg zur Verstärkung der Eigenkapitalbasis bietet also im wesentlichen nur die Innenfinanzierung, d. h., neben der Zulassung gegebenenfalls von Sonderabschreibungen, die Bildung von Rücklagen. Dies setzt, das sei klar gesagt, ausreichende Erlöse aus der Energiedarbietung voraus und damit angemessene, unpolitische Strompreise, die überdies wiederum frei von vermeidbaren Kostenanteilen sein sollten.
Entsprechend dem Absinken der Innenfinanzierungsquote und der geringen Verfügbarkeit von Mitteln zur Kapitalerhöhung gewinnt die Fremdmittelbeschaffung für die Energie ein erhöhtes, ein entscheidendes Gewicht. Bis zu 60% der Investitionen der nächsten Jahre müssen über den Kapitalmarkt finanziert werden. Als Finanzierungsquellen werden Versicherungsgelder und Bankkredite ihre bedeutende Stellung behalten. Das derzeitige Zinsniveau sollte eine Anregung für die Auflegung von Anleihen sein. Die Einschaltung von Hypothekenbanken hat eine neue zusätzliche Finanzierungsquelle erschlossen.

Ich sehe trotz der großen Finanzierungsbedürfnisse eigentliche Finanzierungsprobleme nicht. Auf einen Punkt möchte ich allerdings mit Nachdruck aufmerksam machen: Ausgelöst durch wirtschaftliche Vorgänge, aber auch mit Blick auf bilanzoptische Gesichtspunkte, sehen wir seit einiger Zeit Gemeinschaftsgründungen entstehen, Objektgesellschaften, innerhalb derer Großvorhaben abgewickelt werden. Eine solche Lösung ist vertretbar, wenn die Eigentümer-EVU's voll hinter dieser Gesellschaft stehen, sie wird aber bedenklich, wenn die Konstruktion zu einer Schmälerung der Haftung führen soll. Nur gut ausgestattete Unternehmen, in denen sich starke, sehr starke Partner zusammengeschlossen haben, vermögen die technischen und finanziellen Probleme zu lösen, die der Kraftwerksbau und speziell die Kernenergie und der gesamte Brennstoffkreislauf stellen.
Die Bonität der deutschen Elektrizitätsversorgung findet eine Stütze in der Versorgungspflicht und der Strompreisaufsicht, die gleichzeitig die Verpflichtung des Staates einschließt, ausreichende Stromerlöse zu gewährleisten. Ich halte es unter den gegebenen Umständen für vertretbar, bei der Bilanz- und Bonitätsprüfung von Versorgungsunternehmen besondere, entgegenkommende Maßstäbe anzulegen. Konkret gesprochen: Eine Verringerung der Deckung des Anlagevermögens durch Eigenkapital von 40 auf vielleicht 33% oder eine Verringerung des Eigenkapitalanteils von 1/3 auf 1/4 der Bilanzsumme erschiene mir angemessen. Speziell bei Kernkraftwerken allerdings muß die Entscheidung des Bankiers nach Ertragskraft und Abnehmerstruktur auf den einzelnen Fall abstellen. Eine Investition in einer Größenordnung von 2 bis 3 Mrd. DM durchzuführen und alle Betriebsrisiken, das Stillstandsrisiko eingeschlossen, zu tragen, setzt Kraft und Luft auf beiden Seiten voraus.

Die Gewährung von Bürgschaften der öffentlichen Hand beseitigt die Problematik einer ausreichenden Haftungsbasis für Fremdmittelaufnahnen nicht. Sie sichert zwar den unmittelbar begünstigten Gläubiger, führt aber zur Schmälerung der bisherigen Eigenkapitalbasis und erhöht damit im Prinzip nicht das Kreditvolumen.
Ein kurzes, letztes Wort zum Leasing. Sie wissen, daß gerade wir einen wesentlichen Anteil an der Entwicklung dieses Finanzierungsmodells hatten. Das verleitet mich aber nicht dazu, seine Bedeutung jetzt und in Zukunft zu überschätzen. Leasing ist nur ein begrenzt gangbarer Finanzierungsweg, den wir erschlossen haben, um in einer Phase verstärkter Investitionsnotwendigkeiten sämtliche Finanzierungsquellen auszuschöpfen. Es wird seinen Anteil an der Finanzierung von Großprojekten haben, die Bedeutung dürfte jedoch abnehmen, sobald die Abschreibungen der Großobjekte einsetzen und die Innenfinanzierung gestärkt wird. Längerfristig sehe ich Möglichkeiten für das Leasing eher bei der Finanzierung des Brennelementeeinsatzes im Reaktor.
Wie auch immer die technische Bereitstellung der Finanzierungsmittel aussehen mag, entscheidend wird es darauf ankommen, daß wir unser Finanzierungsvolumen im richtigen Zeitpunkt, in der richtigen Höhe und an der richtigen Stelle bereitstellen und unsere Kräfte nicht verzetteln. Wie sehen die Prognosen aus?
Ob wir bis zum Jahre 1985 einen Anstieg des Bruttosozialproduktes um 4% jährlich, damit eine kalkulierte Zunahme des Primärenergieverbrauchs um 3,6% im Jahr und einen Zuwachs im Stromverbrauch von 6 bis 7% jährlich realisieren können, das ist eine offene Frage. Wir wissen nur, daß ein weiter um sich greifender Wachstumspessimusmus dazu führen kann, daß die heute genannten Prozentsätze nicht erreicht werden.

Welchem Wandel der Auffassungen wir ausgesetzt sind, zeigt ein Blick auf die letzten vier Jahre. Im Oktober 1973 sprach das Energieprogramm der Bundesregierung von einem Primärenergieverbrauch der Bundesrepublik im Jahre 1985 von 610 Mill. Tonnen SKE. Heute erscheinen rund 500 Mill. Tonnen SKE realistisch, ein Minus von rd. 20%. Die Gründe sind bekannt.
Die sich abzeichnende vorübergehende Rückführung des Kernenergieanteils bei Erhöhung des Braunkohle- und Erdgasanteils und gleichzeitiger Intensivierung von Energieeinsparungsmaßnahmen dürfte ein zwar nicht immer befriedigender, letzlich aber tragbarer Kompromiß sein. Nur müssen wir von dem Staat, der diese Daten setzt, nun auch verlangen, daß er sie mit Nachdruck als seine eigenen Entscheidungen und damit auch als ein Bekenntnis zum Wirtschaftswachstum selbst durchsetzt und verteidigt.
Meine Bank hat im Jahre 1974 nach der Ölkrise eine Studie vorgelegt und damals unter Berücksichtigung der ersten Fortschreibungen des Energieprogramms der Bundesregierung die Kraftwerksinvestitionen bis 1985 mit 94 Mrd. DM angegeben, auf der Basis einer Kapazität von 140000 MW. Die heute für 1985 genannte Zahl setzt eine Kraftwerkskapazität von 115000 MW voraus, wobei die Differenz von 25000 MW im wesentlichen durch die Zurückstufung des Ausbaus der Kernenergie bedingt ist. Wenn Sie sich nun vergegenwärtigen, daß unsere damalige Berechnung für Kraftwerkskosten auf Basis Kernenergie von 775 DM je kW brutto ausging, und die Zahlen für Braunkohle bei 700 DM je kW und für Erdgas bei 550 DM je kW lagen, und wenn wir uns die Kosten anschauen, so wie sie sich heute unter Einrechnung der Geldentwertung darstellen, dann müssen wir feststellen, daß trotz wesentlich reduzierter Kraftwerkskapazität 1985

die Aufwendungen für Investitionen sicherlich nicht geringer, sondern eher höher anzusetzen sind und mit Sicherheit in der Größenordnung von 100 Mrd. DM liegen werden. Nehmen Sie dann noch im Wege einer vereinfachten Rechnung die Investitionen im Leitungsnetz hinzu, die sich in jüngster Zeit etwa in der gleichen Höhe bewegen wie die Kraftwerksinvestitionen, und berücksichtigen Sie außerdem die Brennstoffversorgung für Kernkraftwerke und den Komplex der Wiederaufbereitung und Entsorgung, so sehen wir uns bis zum Jahre 1985 mit großer Wahrscheinlichkeit einem Investitionsvolumen der Elektrizitätswirtschaft in der Größenordnung von 250 Mrd. DM gegenüber.
Im Rückblick auf 1974 läßt sich jedenfalls sagen, daß sich das Finanzierungsvolumen trotz des verzögerten Ausbaus der Kernenergie nicht verändert hat, ein Volumen, das wir einmal daran messen sollten, daß wir die Fremdfinanzierung im gesamten Wohnungsbau in Deutschland mit etwa 400 Mrd. DM ansetzen können, und daß sich das Finanzierungsvolumen in der Bundesrepublik Deutschland insgesamt auf etwa 3500 Mrd. DM stellt; davon entfallen 950 Mrd. DM als Geldvermögen auf die privaten Haushalte.
Eine Verlagerung der Investitionen auf Kohlekraftwerke hat auf diese Zahlen einen verhältnismäßig geringen Einfluß. Zwar ist der Unterschied der Investitionsaufwendungen für Kernkraftwerke einerseits und für Kohlekraftwerke andererseits beträchtlich, aber nicht so groß, daß er das Gesamtbild entscheidend beeinträchtigen würde. Sollte die Entwicklung etwa dazu führen, neue Schächte abzuteufen, so wären dafür zeitlich jeweils etwa 10 bis 13 Jahre anzusetzen und finanziell ein Investitionsaufwand von vielleicht 1,5 Mrd. DM für jeden Schacht einzukalkulieren.
Ich zögere, meine Damen und Herren, konkretere Zahlen zu

nennen, wenn wir uns einigen Kennziffern der Verschwendung nähern, indem ich das in diesem Kreis hinreichend bekannte Baurisiko anspreche. Vergegenwärtigen wir uns, daß es einmal eine Zeit gab, in der konventionelle Kraftwerke in einer Bauzeit von zwei Jahren errichtet werden konnten. Vergegenwärtigen wir uns, daß 1969 Kernkraftwerke mit einer Bauzeit von 4 1/2 Jahren geplant wurden, und sehen wir, daß wir heute das Orakel von Delphi bemühen müssen, wenn es um die Auskunft geht, wann ein geplantes Kernkraftwerk in Betrieb gehen kann.
Niemand will einem forcierten Bau von Kernkraftwerken über das kalkulierbare Risiko hinweg das Wort reden. Wir müssen und sollten uns aber einmal darüber klar werden, was der deutschen Volkswirtschaft die Sicherheitsphilosophie kostet, die in ihrem Ausmaß über das Sicherheitsdenken in anderen Ländern der Welt erheblich hinausgeht. Eine jede rechnerische Darstellung der Auswirkungen von Bauzeitverzögerungen ist selbstverständlich abhängig von den gesetzten Ausgangsdaten. Nehmen wir aber einmal einen Satz für Bauzinsen mit dem sicher nicht überhöhten Faktor von 8%, und rechnen wir mit einer jährlichen Inflationsrate von hoffentlich immer nur 4%, so zeigt sich, daß bei einem vor kurzem noch als normal zu bezeichnenden Bauverlauf und einer Bauzeit von 7 Jahren für ein Kernkraftwerk die Gesamtinvestitionssumme im Jahre 7 sich zusammensetzt aus einer ursprünglichen Investition im Jahr 0 von 65%, einer Kostensteigerung von rd. 11% und einem Bauzinsenanteil von nicht weniger als 24%. Schon dies ist ein wenig erfreuliches Bild. Rechne ich nur ein Jahr Verzögerung ein, und zwar verteilt in etwa über die Mitte der Bauzeit, so steigt der Anteil der Bauzinsen auf über 27%, der durch Kostensteigerungen bedingte Investitionsmehraufwand auf fast 12%, und

für die Bausumme verbleiben 61%. Das Bild verschiebt sich naturgemäß noch weiter, wenn die Bauverzögerung unmittelbar vor Inbetriebnahme erfolgt.
Man kann diese Rechnung auch auf absoluter Basis aufmachen. Dann betragen die Mehrkosten bei Stillegung der Baustelle eines 1300 MW Kernkraftwerkes während des ersten Jahres nach der ersten Teilerrichtungsgenehmigung etwa 125 Mill. DM, bei Blockierung eines fertigen Kernkraftwerkes unmittelbar vor der Inbetriebnahme etwa 200 Mill. DM pro Jahr. Nicht eingerechnet sind dabei die Kosten für den Fremdbezug von Strom anstelle der ausfallenden Kraftwerksleistung.
Es ist unvermeidlich, daß sich diese Mehrkosten aus der Bauzeitverlängerung im Strompreis niederschlagen und ein Freund vereinfachender Rechnungen kann leicht ausrechnen, daß Anfang der 80er Jahre die Bauzinsen, umgerechnet auf die Kilowattstunde, einen Kostenanteil von sicher mehr als einem Pfennig ausmachen, ein Betrag, der, so klein er erscheinen mag, volkswirtschaftlich durchaus ins Gewicht fällt.
Und dieses düstere Bild ist eher noch zu freundlich gezeichnet, denn es versucht sich noch auf die Kalkulation der Verzögerungskosten, die letzten Endes, wenn die heute herrschende Tendenz der aufgeschobenen Entscheidungen ihre Fortsetzung erfährt, in das Unkalkulierbare umschlagen müssen. Wenn aber die Kalkulation der Wirtschaftlichkeit zusammenbricht, wenn die Energiebereitstellung im Gegensatz zur Finanzierung aller anderen Wirtschaftsbereiche von einem unkalkulierbaren Risiko begleitet wird, dann stehen wir im Wettbewerb der Kapitalsuchenden mit der Bereitstellung von Finanzierungsmitteln für die Energiewirtschaft an der Wand. Dann verschwenden wir nicht nur das eingesetzte Kapital – wir haben durch Gerichtsbeschlüsse und Bürgerin-

itiativen zur Zeit stillgelegte oder behinderte Kraftwerke aller Art mit einem Investitionsvolumen von 15 Mrd. DM, und das entspricht exakt dem neuen Konjunkturprogramm der Bundesregierung.
Wir verschwenden das eingesetzte Kapital, denn die Kosten des unterbrochenen Bauablaufes fallen weder juristisch noch ökonomisch in ein Niemandsland. Sie lähmen Initiativen, sie gefährden Unternehmen. Wir vergeuden aber auch die Finanzierungsmöglichkeiten der Zukunft, die sich gerade für die Energiefinanzierung anbieten. Denn es geht ja nicht nur um die Banken und die Versicherungen als Finanziers, wir sind darauf angewiesen, einen größtmöglichen Teil des privaten Sparkapitals und privater Anleger unmittelbar für Investitionen in der Energie zu interessieren und zu gewinnen. Wenn wir uns das langfristig gewaltige Finanzierungsvolumen vorstellen und die alles in allem noch nicht gelöste Aufgabe einer nachhaltigen Stärkung privater Vermögensbildung zugleich bedenken, dann drängt sich geradezu der Gedanke einer sinnvollen Verbindung dieser beiden vorrangigen Erfordernisse unserer wirtschaftlichen, gesellschaftlichen und auch politischen Zukunft auf. Und beim Sparer wirkt das Problem der knappen Ware anregend; er sucht die Anlage in einer Produktion mit hoher Nachfrage, die bei vernünftiger Gestaltung der Abläufe überdies verbunden ist mit hoher Sicherheit im Absatz und in der Kostendeckung.
Und zu allem Überfluß noch eines: Die Entwicklung der Energiefinanzierung ist Teil der Entwicklung der deutschen Industriefinanzierung. Im Jahre 1975 haben die Investitionen der öffentlichen Elektrizitätsversorgung erstmals die 10Mrd.-DM-Grenze überschritten. Sie investiert damit nahezu doppelt soviel wie der investitionsstärkste Zweig der verarbeitenden Industrie, das ist die Chemie. Um Verkaufs-

erlöse von 1 DM zu erzielen, benötigt die Elektrizitätswirtschaft im Mittel einen Sachanlagenbestand von etwa 1,40 DM. In der verarbeitenden Industrie liegt dieser Einsatz bei 0,30 DM, und auch in den kapitalintensiven Branchen wie der Chemie oder in der Eisen- und Stahlindustrie steigt er kaum über 0,45 DM. Sehen wir diese Zahl von 10 Mrd. DM im Jahre 1975 einmal im Zusammenhang mit dem Investitionsvolumen im Jahre 1950 von damals 900 Mill. DM und den bis 1985 anfallenden 250 Mrd. DM, dann haben wir jahresdurchschnittlich 25 Mrd. DM vor uns, in einer zuverlässig ansteigenden Kurve, die wiederum nur ein Spiegelbild der technischen Entwicklung darstellt, eine Entwicklung nebenbei, die es der Elektrizitätswirtschaft ermöglicht hat, den Anstieg der Strompreise gering zu halten.
Über Strompreise wird genug geredet; über eines sollte nicht diskutiert werden: Niedrige Energiekosten sind eine Existenzfrage dieses Landes, und die Preise für diese Energie werden unabdingbar bestimmt von den Kosten der Produktion und dem Aufwand des Kapitaldienstes. Beides haben wir in der Hand. Wir sollten die Energiekosten nicht mit den sinnlosen Kosten unterbrochener Arbeitsvorgänge befrachten. Dies ist weitgehend eine Frage der Politik; sie hat diese Größenordnung in der Hand.
Meine Damen und Herren, was war also der langen Rede kurzer Sinn? Man mag über den Knappheitsgrad der traditionellen Energieresourcen unterschiedlicher Meinung sein, auch darüber, wann und wo und ob überhaupt die Lichter ausgehen. Die Tatsache der Knappheit ist unbestreitbar. Und da alle Energieinvestitionen langfristige Anlaufzeiten erfordern, müssen die Entscheidungen heute fallen. Denkpausen in allen Ehren – diese Pause wird zu teuer, und der nicht brennbare, der ungefährliche Brennstoff, auf den werden wir

wohl noch lange warten. In jedem Fall ist die notwendige Arbeit, die wir heute verrichten, billiger als die Investition von übermorgen.

Die Gründe der Vernunft, die zu einem raschen Handeln drängen, ich habe sie einmal mehr aufgezählt. Unsere Energiewirtschaft ist so strukturiert, daß der Staat einen überragenden Anteil nimmt, und das hat viele gute Gründe. Es gibt eine Vielzahl von öffentlichen Händen, die hier einwirken: die Eigentümer, Preisbehörden, das Kartellamt, die Instanzen der Wirtschafts- und der Finanzpolitik. Vom Modell her betrachtet verfügen wir über eine ungewöhnlich glückliche Konzentration von Entscheidungskräften. Der Staat ruft nach Investitionen als dem Schlüssel zu allem wirtschaftlichen Geschehen. Nun, diesen Schlüssel hat er selbst in der Hand. Prometheus, meine Damen und Herren, das bedeutet in wörtlicher Übersetzung: der Voraussinnende, das ist die eine Seite. Prometheus erfüllte seine Aufgabe aber in der Tat, das ist die andere Seite. Wir erwarten, meine ich, von unserem Staat beides, wenn er nicht langfristig gesehen unserer Energiewirtschaft die Kreditwege belasten, ja verschließen, und sich dabei letzten Endes auch selbst um seinen eigenen Kredit bringen will.

VON DEN GRUNDLAGEN EUROPAS

Sein Leben begann nicht anders als das von Millionen Europäern unserer Tage: Als Sohn eines Flüchtlings wurde er im Exil, in Deutschland, geboren. Dort verbrachte er seine frühe Kindheit, und erst nach dem Tode seines Vaters, der seine Heimatstadt Antwerpen nicht mehr wiedersah, kehrte er an der Seite seiner Mutter in diese Stadt zurück. Hier, in der reichen Tradition dieser Stadt und in der Nähe der Meister Flanderns, nicht weniger aber durch seine Begegnungen mit Italien, wuchs das Genie seiner Kunst, von der man sagte, sie sei die letzte gewesen, in der sich die gesamte Bilder- und Vorstellungskraft des Abendlandes vereinigt habe.
Er schrieb flämisch, lateinisch und italienisch, er sprach überdies spanisch, französich, englisch und deutsch. Er verhandelte für Flandern in Paris und in London als Gesandter des Königs von Spanien. – Erlauben Sie mir, Ihrem Gast, meinen Bemerkungen über die Grundlagen Europas – ein ohnehin vermessenes Unterfangen – voranzustellen meine Reverenz vor *Peter Paul Rubens,* einem der größten Söhne Flanderns, diesem wahrhaft universalen, großen Europäer,

---

Vortrag anläßlich einer Veranstaltung der Vereniging voor Economie und der Deutsch-Belgisch-Luxemburgischen Handelskammer in Antwerpen am 28. Juni 1977

um den sich in diesen Wochen nicht nur die Erinnerung dieser Stadt Antwerpen, sondern das Gedenken der Welt versammelt und der heute vor 400 Jahren geboren wurde. In den Huldigungen, die ihm jetzt in Deutschland zuteil werden, fällt auf die wiederkehrende Beschäftigung mit seinem Gemälde »Die Folgen des Krieges«, ein Bild, das er mitten im Dreißigjährigen Krieg malte und in dem sich der Glanz und die Schmerzen Europas vereinigen. Es ist, wie Kunsthistoriker versichern, das einzige Bild, zu dem der Meister einen ausführlicheren Text hinterlassen hat, dessen Schlußsätze lauten: »Jene schmerzdunkle Frau aber, schwarz gekleidet und mit zerrissenem Schleier und all ihrer Edelsteine und ihres Schmuckes beraubt, ist die unglückliche Europa, welche schon so viele Jahre Raub, Schmach und Elend erduldet, die für jeden so tief spürbar sind, daß es nicht nötig ist, sie näher anzugeben.« Es ist gewiß nicht unangemessen, wenn wir uns als Europäer der gemeinsamen Geschichte und damit auch der Geschichte gemeinsamer Katastrophen bewußt sind, wenn wir über unsere Grundlagen sprechen. Auch wenn die Bilder der Zerstörung, die Rubens für seine Zeit erfaßte, aus unserem Alltag geschwunden sind, so wirkt die letzte Katastrophe in unsere Gegenwart hinein, ja sie läßt uns nicht einmal bewußt werden, daß wir in Mitteleuropa inzwischen auf den längsten Abschnitt friedlicher Zusammenarbeit seit dem 13. Jahrhundert zurückblicken können. Der Frieden allerdings, er hat seine eigenen Gesetze und Inhalte bekommen. Bleiben wir uns aber der Arbeit und des Erfolges großer europäischer Staatsmänner in den fünfziger Jahren dieses Jahrhunderts bewußt, die den Wunsch nach Frieden und Zusammenarbeit auf diesem Kontinent umsetzten in eine politische Bewegung des Einverständnisses und der Einigung, und denen es gelang, die Demarkationslinie zwischen Triumph und Niederlage aufzulösen und die historische Szene der Rechtfertigung der Konflikte für den einen und für den anderen außer Kraft zu setzen für eine Generation, die die Aussöhnung nicht nur als Programm, sondern als Wirklichkeit erlebt hat.

Wenn damit auch die Spuren jahrhundertelanger Auseinandersetzungen langsam überwachsen, so verbindet sich heute doch für viele mit dem Begriff Europa die Vorstellung von einem Kontinent der verlorenen Illusionen, der vertanen Chancen, der versäumten Geschichte. Und nichts verbindet die Europäische Gemeinschaft derzeit mehr als ihre gemeinsamen Sorgen und Probleme. Der Gemeinsame Markt, der nunmehr 18 Jahre alt ist und die Reife eines Volljährigen nachweisen sollte, ist von dem ursprünglichen Ziel weit entfernt. Das gilt insbesondere für die Vorstellungen von einer gemeinsamen Währung, und es ist gewiß kein Zufall, daß sich in den Währungszerwürfnissen der europäischen Gegenwart die Fehler und Versäumnisse der europäischen Vergangenheit deutlicher darstellen und exakter nachrechenbar werden, als dies manchem lieb sein kann.

Betrachten wir uns selbst und selbstkritisch und ganz gegenwartsbezogen, so müssen wir feststellen, daß trotz längst abgebauter Zölle und Kontingente, trotz gemeinsamer Agrarpolitik, trotz weitgehend freien Geld- und Kapitalverkehrs, trotz umfangreicher nationater und regionaler Hilfen und auch trotz offener Grenzen am Arbeitsmarkt mehr Unausgewogenheit und mehr Differenzen erkennbar sind als noch vor einigen Jahren.

Was die ganze Nervosität und Kalamität Europas ausmacht, ist leicht auf einen Nenner zu bringen: An die Stelle der einst gefährlich labilen außenpolitischen Beziehungen der europäischen Staaten untereinander sind die instabilen politischen

Verhältnisse im Innern einer Reihe von Partnerländern getreten. Der Teufel steckt in den Details der Nationen und Regionen unseres Kontinents, und wenn wir Realisten bleiben wollen: er wird wohl auch noch eine Weile dort ausharren, in den Instabilitäten der Währungsfrage, des Agrarproblems, der Energie- und Rohstoffversorgung und nicht zuletzt unserer Regierungen. Die Gegenwart Europas ist überdies bestimmt von einer diesem Kontinent historisch unbekannten und unangemessenen Unsicherheit über seine Stellung in der Welt, die übrigens ohne die Europäer weder besser noch sicherer geworden ist, und es stellt sich die Frage über alle Grenzen hinweg, ob Europa die Herausforderungen dieser Situation aktiv und mit Erfolg wird meistern können, Herausforderungen, die nicht nur technisch, sondern vor allen Dingen auch geistig der Bewältigung harren.

Ich meine, wir erfahren den Status Europas erst dann hinreichend, wenn wir das europäische Dilemma darin erkennen, daß wir nicht nur materiell – und zwar in Eile – das eigene Haus hinreichend zu ordnen und dabei auch noch stufenweise und verläßlich darüber eine Verständigung herbeizuführen haben, wes Geistes die Bewohner dieses Hauses sein sollen, sondern daß dieses Europa außerdem und zugleich als technischer, finanzieller und wiederum auch als geistiger Ordnungsfaktor vor dem internationalen Horizont einfach nicht verzichtbar und in dieser Funktion weltweit gefordert ist.

Es ist nicht mehr zu übersehen, daß etwa die amerikanische oder japanische Präsenz, die Gegenwart der Mächtigen und Wortgewaltigen des Ostblocks allein nicht ausreichen, um die Maßstäbe dieser Welt zu setzen. Denken wir aber nur daran, daß sich die Europäer in so gewichtigen Fragen, ob dieser Kontinent letztlich einen liberalen, einen sozialistischen, einen konservativen Inhalt erfahren soll, noch keineswegs hinreichend miteinander verständigt haben, so wird uns das europäische Problem vor allem vor den ökonomisch höchst differenzierten Konsequenzen je nach dem Inhalt der Entscheidung deutlich.

Die Zeit nun, unsere Probleme und Schwächen zu begreifen, sie war eigentlich auskömmlich. Die Zeit, dementsprechend zu handeln, ist heute wesentlich verkürzt. Sie steht aus verschiedenen Gründen auf dem Kalender, und vielleicht hat sich Europa ein wenig zu sehr daran gewöhnt, unter Zwängen zu leben, als daß ihm ein äußerer Druck noch inneren Aufruhr bedeuten könnte. Vielleicht haben wir Europäer schon zu sehr das Auskommen auch mit dem Absurden gefunden, vielleicht haben wir uns schon zu sehr an den Verlust gewöhnt, als daß uns eine rasche Versammlung unserer Kräfte möglich wäre. Die Depressionen, denen Europa heute ausgesetzt ist, sie greifen in vielfachem Sinne bedrohlich und – wie ich aber hoffen möchte – auch heilsam in das Leben des einzelnen ein. Der Druck ist zwar je nach Einsicht und Geographie noch zu unterscheiden für den denkenden und insbesondere den ökonomisch eingebundenen Menschen, er ist aber unentrinnbar nur als ein gemeinsames Risiko zu begreifen. Und ich meine, wir sollten uns heute die Frage erlauben, ob dieser Druck nicht auch eine Chance, vielleicht die letzte große Chance, für Europa ist. Haben wir einen Anlaß, uns diesen Effekt vorzustellen? Ist es erlaubt, diesen Optimismus, den ich mit Ihnen riskieren möchte, zu wagen?

Nun, eines scheint bei einem Blick auf die europäischen Zwänge gewiß: Wir leben in einer Zeit verlorener Träume. Waren die sechziger Jahre eine Zeit, in der die Völker unseres Kontinents in einer ungeahnten Weise Wohlstand und Vertrauen zurückerlangten, so war es zugleich eine Zeit leicht dahingesprochener Heilslehren. Es sieht so aus, als hätten diese Lehren von einer sozialen Revolution in allen Details unserer Existenz ihre Resonanz in Europa verloren, vor allem nachdem die siebziger Jahre sich bisher weitgehend als Jahre der Enttäuschungen, der Krisen, des Hineinwirkens einer weltweiten Rezession nach Europa erwiesen haben und die Gegenwart vor der bitteren Wahrheit steht: Europa, mehr denn je auf das Potential seiner Arbeit angewiesen, hat mit mehr als 9 Millionen Arbeitslosen, davon 5 Millionen in der Europäischen Gemeinschaft, die höchste Arbeitslosigkeit seit einer Generation. Europa vergeudet damit Ressourcen, die uns und anderen weiterhelfen könnten, von den menschlich-sozialen Problemen im Einzelfall einmal ganz abgesehen.

Es spricht einiges dafür, daß heilsame Kräfte von dieser Krise ausgehen, daß Zeichen eines hilfreichen Einverständnisses unter den Europäern sichtbar werden und daß sich Ansätze zeigen für eine lebenswichtige Identität nicht nur der Interessen in Wirtschaft und Politik, sondern auch der Konsequenzen hieraus. Ja, ein zunehmender Zwang zur Gemeinsamkeit ist eines der Kennzeichen der Gespräche, die heute in Europa geführt werden. Und es sind nicht zuletzt und wiederum die Kräfte von außen, die in die Gemeinschaft den Zwang zur Identität hineintragen.

Es ist in der Weltgeschichte nichts Neues, daß allein die Krise, die Gefahr und die Begegnung mit anders organisierten, ja vielleicht stärkeren Kräften in das gemeinsame Interesse und in die Zusammenarbeit führen. Unabhängig von unseren Wünschen und zu einem gewissen Grade auch unabhängig von unseren Initiativen ist diese Welt auch wirtschaftlich auf dem Wege, sich in Blöcken, in neuen ökonomischen Konzentrationen zu verstehen. Und es gehört zu den gesicherten

Erfahrungen unserer Zeit, daß dieses unser Europa, und sei es im Inneren noch so zerstritten, von außen als eine Einheit gesehen, ja von manchen außerhalb Europas auch als Einheit gewünscht wird.
Es sind nicht nur die Vereinigten Staaten von Amerika, es sind auch die wesentlichen Stimmen Asiens, darunter die Stimme Chinas, die dieses Europa als eine Einheit verstehen und verstehen wollen. Unabhängig aber von dem, was man um uns herum in uns sieht und von uns erwartet, die ökonomischen Zwänge sind es, gehen sie nun von Asien aus, von Afrika oder von Amerika, die uns dazu treiben, dieses unser Europa als Einheit zu organisieren. Und letzten Endes wirft diese Perspektive nichts Geringeres auf als die Frage nach der Intelligenz Europas, sich selbst in dieser Welt nicht nur wohlgesinnter Nachbarn in eine optimale Verfassung zu bringen.
In den Mittelpunkt unserer Überlegungen und auch unserer Strategien rückt damit die Frage nach der Intelligenz dieses Kontinents im Vergleich zu anderen Erdteilen, einer Intelligenz, die sowohl den eigenen Rang wie das eigene Risiko begreift, um alsdann den nur gemeinsam gangbaren Weg zu nutzen. Können wir hier positive Zeichen für Europa setzen?
Was zunächst das Begreifen des eigenen Ranges angeht, so ist hier nicht nur Intelligenz im Spiel, sondern der Zwang, die Bedeutung unseres Kontinents wieder in das Bewußtsein der Europäer zurückzuführen. Von der Zahl her kann unser Rang nicht definiert werden. Nach den letzten Berechnungen wird diese Erde im Jahre 1985 von etwa 5 Milliarden Menschen bevölkert sein – die Europäer werden dabei weiter in die Minderheit geraten. Stellen sie heute noch etwa 13% der Weltbevölkerung dar, so werden es 1985 nur noch 9% sein. Es ist aber eine Erfahrung von einigem Gewicht, daß

nicht die Zahl der Köpfe entscheidet, sondern das, was in diesen Köpfen umgeht. Auch mit den Dimensionen unseres Kontinents werden wir weder uns noch andere beeindrukken. Die 10 Millionen Quadratkilometer zwischen Nordkap und Peloponnes sind keine Rechengröße, abgesehen davon, daß uns die Geographen – und dies noch mit einigem Recht – ohnehin nur als eine westliche Halbinsel Asiens definieren. Anders sieht es aus, wenn wir diesen Kontinent der Völkerwanderungen auf seine Talente hin betrachten, die weitgehend wiederum ein Reflex sind auf die Zwänge, auf Gunst und Mißgunst der Natur, denen die Völker auf diesem Kontinent ausgesetzt waren. Den Bewohnern Europas ist nichts in den Schoß gefallen; die Europäer sind – ein wenig unbescheiden formuliert – wohl die ältesten und erfolgreichsten Schwerarbeiter dieser Erde, und sie sind mit Sicherheit die ältesten und erfolgreichsten Händler dieser Erde. Auf beides sind sie heute mehr angewiesen denn je.
Trotz aller Rückschritte, trotz Stagnation, Inflation und Arbeitslosigkeit haben wir heute auch in Europa ein Einverständnis darüber, daß nichts das soziale Leben mehr bedroht, daß nichts den wirtschaftlichen Fortschritt mehr vernichtet und daß nichts einer europäischen Kooperation mehr im Wege steht als die Inflation. Die vermeintliche Alternative von Inflation oder Arbeitslosigkeit hat sich in der Realität zu einer unheiligen Allianz von Inflation und Arbeitslosigkeit entwickelt.
Die Härte der Arbeitslosigkeit vermittelt nicht nur dem Betroffenen, sondern mit Sicherheit auch der Allgemeinheit einen heilsamen Zweifel an dem Inhalt und dem Erfolg einer für viele europäische Länder kennzeichnenden Sozialpolitik, die sich aus wohltätig gemeinten stetigen Steigerungen der Staatsausgaben einerseits und Lohnsteigerungen andererseits

qualifizieren will. Überzogene Kostenlasten der Wirtschaft auf der einen, überzogene Sozialetats und Staatsbudgets auf der anderen Seite und der Verlust der Arbeit als Konsequenz davon sind in ihrem Zusammenhang heute unübersehbar und in Europa als unausweichlich miteinander kommunizierende Größen beweisbar geworden.

Werfen wir einen Blick auf die Lohnsteigerungen in Europa von 1973 bis Ende 1976: in Italien 90%, in Großbritannien 77%, in Frankreich und Belgien 60%, in Deutschland 28%. Hier haben wir den Maßstab, die Fieberkurve für Inflation und Währungsverfall in der Hand. Wissen das auch die Gewerkschaften? Gewiß. – Es gibt sichere Indikationen dafür, man ist vor allen Dingen in Brüssel davon überzeugt, daß in den europäischen Gewerkschaften ein wenig über die Philosophie und Technik der relativen Stabilitätserfolge nachgedacht wird. Wie wir alle wissen, ist eine durchgreifende Stabilisierung nicht vorstellbar ohne Mut und ohne einen mittelfristigen Akkord mit den Gewerkschaften.

Die unterschiedlichen Inflationsraten innerhalb der Gemeinschaft von gegenwärtig 3,8% bei uns in Deutschland bis 19% in Italien – im übrigen Europa ist die Spannweite größer, sie reicht von 1% etwa in der Schweiz bis 35% in Island –, sie waren die Ursache, letzten Endes die einzige Ursache, die echte Fortschritte in Richtung auf eine europäische Währung verhindert haben. Wir erinnern uns der hoffnungsvollen Initiativen, etwa des Werner-Plans, die letztlich alle an dem Mangel an Courage zu innerer monetärer Stabilität – und das heißt Mangel an Courage im Umgang mit der Wahrheit – gescheitert sind.

Ein anderes Feld, auf dem uns das gemeinsame Risiko und der Zwang zur gemeinsamen Lösung – mit oder ohne Druck von außen – ins Bewußtsein getreten sind, ist das Gebiet der

europäischen Abhängigkeit von Energie und Rohstoffen, der gemeinsamen Abhängigkeit in den Grundlagen aller unserer industriellen Arbeit. Diese Abhängigkeit, sie ist mit Sicherheit heute uns allen bewußt. Und es bedarf weder des Redens, um aufzuwachen, noch hilft Schweigen, um die Sorgen zuzudecken. So gütig die Natur uns mit einem ausgeglichenen Klima bedacht hat, so kärglich sieht es bei uns unter der Erde aus. Wir haben auf dem Festland etwas Kohle, aber keine Schätze, von denen wir leben könnten, und die Erschließung der Energiereserven in der Nordsee wird die Situation nicht grundlegend verändern; noch auf lange Sicht werden wir weit mehr als die Hälfte unserer Mineralölversorgung importieren müssen. Damit ursächlich verbunden sind die Defizite in den Zahlungsbilanzen, in europäischer Dimension, auch wenn Belgien in der laufenden Rechnung sich etwa ausgeglichen präsentieren kann und die Bundesrepublik Deutschland einen – reduzierten – Überschuß aufzuweisen hat. Noch 1927 waren wir Europäer Exporteure von Energie. Heute sind wir unausweichlich zu Importeuren geworden. Unser Anteil am Weltenergiebedarf beträgt 20%, an der Energiereserve sind wir aber nur mit 5% beteiligt. Und wenn wir unsere derzeitige Importabhängigkeit von Energie nur um 10% mindern wollten, so müßten wir fast 1000 Milliarden DM investieren!
Die Unsicherheiten in der Milliardenrechnung der Zahlungsbilanz bleiben, und die Gefährdung des immer noch ungeordneten Währungssystems kann sich in neuen Anspannungen niederschlagen. Die Situation Europas, das Bewußtsein von der Abhängigkeit von Importen, zwingt die Europäer – und auch dies setzt eigentlich positive Zeichen – zu einem nachhaltigen Versuch der Zusammenarbeit mit denjenigen Ländern, die unsere Bedürfnisse komplementär

erfüllen können, als Rohstofflieferanten ebenso wie als wachsende Absatzmärkte. Aber auch hier – und das wäre eine positive europäische Erfahrung der Praxis – werden wir die Meistbegünstigung nur erzielen aus der Größenordnung unserer konzentrierten europäischen Nachfrage heraus.
Eine weitere Indikation dafür, daß Europa durch das Geschehen um uns herum seine Situation und die Notwendigkeit seiner Einigung begreift, ist, daß wir unsere Existenzgrundlage mit Sicherheit nicht allein dadurch bereinigen können, daß wir unsere eigenen Schwächen reparieren, sondern daß wir ohne Alternativen gehalten sind, auch an der Beseitigung der Schwächen anderer in aller Welt mitzuwirken, und in diesem Zusammenhang begreift uns diese Welt als eine europäische Identität.
Diese Aufgabe ist wiederum keineswegs allein ein finanzielles Problem, und hier hat sich die Europäische Gemeinschaft auf dem Gebiet der Unterstützung des Entwicklungsprozesses in den Ländern der Dritten Welt durchaus Verdienste und Routine in der Zusammenarbeit erworben, so insbesondere durch die Einführung und stetige Verbesserung des Präferenzsystems für immerhin 85 Entwicklungsländer, so durch das Abkommen von Lomé, das nicht nur effektiv, sondern auch als Modell weit mehr Bedeutung verdient, als ihm heute gemeinhin zuerkannt wird.
Liegen die Schwergewichte europäischen Entwicklungsengagements aus guten traditionellen Gründen hier vorwiegend in Afrika, so sehe ich in Ostasien ein noch weithin vernachlässigtes technisches und psychologisches Potential für ein stärkeres europäisches Engagement. Wir dürfen einfach nicht mehr übersehen, daß sich viele Länder in Asien deutlich Europa öffnen wollen, auch aus einem gewissen industriellen Schutzbedürfnis gegenüber Japan heraus. Da zudem der

Marktanteil der Amerikaner allenthalben auskömmlich erscheint, sucht man uns als Partner – aus asiatischer Sicht als die Dritte, die europäische Welt. Hier die Chancen abzuklopfen ist meines Erachtens für uns unverzichtbar. Schließlich zeigt Lateinamerika nicht nur seine traditionell freundlichen Gefühle für uns – auch dort steigt die Bereitschaft, Europa ins Geschäft und in die Beteiligung zu bitten.
Wenn wir nach weiteren Gebieten suchen, wo sich die Intelligenz dieses Kontinents im Wettbewerb mit anderen vorrangig bewähren muß, dann werden wir die Felder nicht übergehen dürfen, die wir inzwischen gemeinsam, aber falsch bestellt haben: Im gemeinsamen Agrarmarkt schwankt der Boden Europas. Schon in der Konstruktion lag hier von Anfang an die schwerste Belastung der Europäischen Gemeinschaft, wenngleich auch die conditio sine qua non. Und wiederum: Durch die Instabilität der Währungen und Wechselkurse sind wir auch in diesem Markt in Probleme hineingewachsen, die aus der Struktur der Vereinbarungen so ohne weiteres jedenfalls nicht voraussehbar waren. Die Inflation ist es, die die Dimension auch dieses Problems ausmacht. Im vergangenen Jahr beanspruchte der Europäische Ausrichtungs- und Garantiefonds für die Landwirtschaft Mittel im Gegenwert von über 300 Mrd. belgischen Franken. Der Planansatz für 1977 weist 350 Mrd. bfrs. aus, und das sind drei Viertel des gesamten EG-Haushaltes. Vielleicht noch zwei bedenkenswerte Ziffern in diesem Zusammenhang. Von den Gesamtmitteln des Ausrichtungs- und Garantiefonds werden 94% zur Finanzierung der Marktordnungen – das sind die verschiedenen Nahrungsmittelberge in der europäischen Geographie – ausgegeben, während nur noch 6% für Agrarstrukturmaßnahmen – und das war doch die Idee – eingesetzt werden. Was uns also in den nationalen Haushal-

ten Sorge bereitet, das haben wir spiegelbildlich durchaus auch im Etat Europas: Viel zu hohe Konsumausgaben und zu wenig Investitionen in die Zukunft hinein.

Und überdies: Die Bürokraten Europas haben mit über 12000 Agrarverordnungen einen Dschungel eigener Art gepflanzt, der die Aussicht auf Europa versperrt und den Europäer erschreckt, in Sonderheit aber den belastet, der in den großen Topf der Gemeinschaft per saldo einzahlt. Und das sind die Belgier, die Luxemburger und die Deutschen, und hier liegen Sie – wie Sie wissen – pro Kopf und Jahr gerechnet weit an der Spitze, noch deutlich vor Ihren deutschen Nachbarn.

Wenn wir angesichts dieser Kopfschmerzen von den Anforderungen an unsere Intelligenz sprechen, haben wir Belege für unsere Erwartung, daß wir mit uns in Zukunft rationeller und überlegter umgehen werden? Nun, ich meine, immerhin Anhaltspunkte dafür zu sehen, daß der sicher stets unbekümmerten Entwicklung von Unwissenheit und Torheit ein angemessenes Quantum von Einsicht, Intelligenz und Weisheit gegenübersteht. Wir sind uns sicher darüber einig, daß uns die schwerste weltweite Wirtschaftskrise seit den dreißiger Jahren in aller Härte erfaßt hat und uns vielfach vor noch nicht gelöste Fragen stellt. Im Gegensatz zu der Krise der dreißiger Jahre gehen wir heute aber deutlich klüger mit uns als Nachbarn um. Wenn auch mit unterschiedlichen Nuancen im Einzelfall, so können wir doch heute die These wagen, daß niemand mehr dem Prinzip folgt, er könne – abgeschottet von seinen Nachbarn – Herr seiner Probleme werden oder aber ungestraft seine Sorgen einfach vor des Nachbarn Tür abladen. Wir können ohne Selbstgefälligkeit sagen, daß wir in der Technik, miteinander umzugehen, klüger geworden sind als zu Beginn der dreißiger Jahre; das gilt für unsere

Handelspolitik, das gilt für unsere Währungspolitik, und das gilt wohl auch für unsere Außenpolitik.
Wir haben uns in Europa nicht nur fähig gezeigt, ungewöhnliche Anpassungen vorzunehmen – denn nationale Volkswirtschaften im Sinne des 19. Jahrhunderts haben wir heute nicht mehr –, sondern die Entwicklung des Welthandels, der sich seit 1950 um 1500% erweitert hat, ist zu einem ganz wesentlichen Teil von den Initiativen dieses Kontinents bestimmt worden, der damit einmal mehr belegt, daß er nicht nur im Handel führt, sondern daß ihm auch jede Initiative zukommt, den Handel über alle Grenzen hinweg freizuhalten von Protektionen welcher Art auch immer.
Messen wir unsere heutigen Schwierigkeiten und die technische Methodik, mit der wir sie anzugehen versuchen, an dem Status der frühen dreißiger Jahre, so können wir uns ohne Einschränkung sagen, daß sich zwar auch diesmal die Krise durch das Überschreiten von vielen Grenzen verschärft hat und ihr besonderes Problem heute darin findet, daß die Konjunkturen weitgehend einander angeglichen sind und damit der stabilisierende Effekt über die Grenzen hinweg entfällt, daß wir aber zugleich in eine Politik kommunizierenden Einverständnisses hinübergewechselt sind, bei dem das Wort »Kooperation« nicht nur als schöne Formel verblieben ist.
Sie werden verstehen, daß ich dabei nicht zuletzt an mein Arbeitsgebiet als Bankier und die große Bedeutung der Zusammenarbeit unter den europäischen Banken, vor allem den Zentralbanken, denke. Insbesondere hier sind der Wille und die Fähigkeit, nicht gegeneinander zu arbeiten, sondern füreinander einzuspringen, schon in einer europäischen Dimension gediehen.
Ich neige als Mann der Finanzen nicht dazu, die Kraft von Geld und Kapital zu überschätzen. Ich meine aber, daß wir

auf dem Wege, uns in Europa zu organisieren, die Frage der uns verbindenden oder trennenden Währung ganz anders als bisher in den Mittelpunkt stellen sollten. Wir haben die gemeinsame Währung als die Krönung einer abgestimmten gemeinsamen Wirtschaft im Gemeinsamen Markt verstanden, und es bleibt auch sicher richtig, daß eine gemeinsame Währung nur von einer weitgehend harmonisierten Politik getragen werden kann. Die europäischen Politiker hatten uns 1980 als das Datum einer Währungsunion genannt. Niemand in diesem Saal wird heute davon ausgehen wollen, daß dieser Termin eingehalten werden kann. Für uns entscheidend wird sein, ob wir angesichts dieser Entwicklung resignieren oder aber die Kräfte mobilisieren, die erforderlich sind, um den Sinn, den Vorteil einer gemeinsamen Währung so früh wie möglich begreifbar und realisierbar zu machen. Was heißt das?

Es heißt zunächst, daß wir uns die Belastungen und die politischen und sozialen Verwirrungen in Europa zu einem wesentlichen Teil aus den unterschiedlichen Währungen und dem Gefälle der Wähungen zueinander verdeutlichen. Und es heißt zugleich, daß wir uns vorstellen, wieviel gesicherter und stabiler die Wirtschaftsabläufe in Europa sein könnten und heute schon wären, wenn wir in einer Währung oder aber in festen Relationen unserer Währungen zueinander operieren könnten. Die Erfahrungen Europas heute sind unerquicklich: Die großen Spannungen von Währung zu Währung innerhalb eines Kontinents schaffen Gewinner und Verlierer – Europäer auf beiden Seiten. Wir leben seit Jahren mit der Erfahrung, daß beispielsweise meine Landsleute im Vergleich zu manchen Nachbarn die Nutznießer einer vielleicht glücklicheren Politik und einer gelegentlich auch wirkungsvolleren Methode im Absatz von Produkten sind.

Ich habe sicher Respekt vor der Tüchtigkeit meiner Landsleute; unsere Nachbarn aber sind vielfach nicht weniger konzentriert und fleißig bei der Arbeit. Was spräche mehr für Europa, als daß bei gleicher Arbeit ein vergleichbares Ergebnis in den Händen unserer arbeitenden Bevölkerung verbliebe? Was spricht dagegen, die Währungseinheit nicht nur als eine technische Operationsbasis, sondern als Ziel und Maßstab der angestrebten sozialen Gleichstellung der Europäer zu fordern? Natürlich weiß ich um das Pro und Contra zu dieser Frage einigermaßen Bescheid. Gerade deshalb aber sollten wir uns mit einfachen Formeln gegenseitig von den noch unerschlossenen Möglichkeiten unserer europäischen Gemeinsamkeit überzeugen, um damit der nationalen Politik die Impulse und Zwänge zu vermitteln, deren sie bedarf, um eine einheitliche, für alle verbindliche europäische Finanz-, Wirtschafts- und Sozialpolitik herbeizuführen.
Die großen Denker der Finanzwelt erhitzen sich weiterhin über der Frage, ob von Währung zu Währung der feste oder der anpassungsfähige, der flexible Wechselkurs der Weisheit letzter Schluß sei. Für unsere Europäische Gemeinschaft sollten wir diesen Streit der Theorien begraben. Es ist ein Gebot der Vernunft, unsere monetären Beziehungen zueinander so bald wie möglich und ausschließlich auf feste Kurse zu stellen.
Übrigens: Einstweilen ist der 1973 zustande gekommene lockere Währungsverbund besser als sein Ruf, obwohl gegenwärtig drei der bedeutendsten Partnerstaaten nicht teilnehmen. Die zweimalige Korrektur der Wechselkurse im vergangenen Oktober und im April dieses Jahres zeigt, daß die Konstruktion genügend Flexibilität aufweist, fundamentale Ungleichgewichte rechtzeitig und nicht erst unter dem Druck von Währungsunruhen korrigieren zu können. Der

von Leo Tindemans – und keiner tritt so klar, so mutig und so ausdauernd für Europa ein wie er – vertretene Vorschlag einer schrittweisen Wiederheranführung der ausgeschiedenen Partnerländer an den EG-Währungsverbund scheint mir einen gangbaren Weg darzustellen, nach und nach wieder alle Gemeinschaftswährungen – und noch einige dazu – zu einer engen währungspolitischen Kooperation zusammenzufassen. Revisionsbedürftig ist allerdings der Begriff der Schlange für unsere Währungsgemeinschaft, dieser seit Adam und Eva so negative Symbolinhalt von Verführung, von Schwäche und Hinterlist.
Was die Perspektiven für unsere Zukunft angeht, so sind wir alle aus guten Gründen vorsichtig geworden im Umgang mit Hoffnungen. Schließlich legte kein Geringerer als William Penn bereits 1693 seinen Essay »Zum gegenwärtigen und zukünftigen Frieden von Europa durch Schaffung eines europäischen Reichstages, Parlaments oder Staatenhauses« vor, und der Schotte Mackey forderte unter vielen anderen im Revolutionsjahr 1848 die Vereinigten Staaten von Europa. Wenn jetzt für das nächste Jahr die Direktwahlen zum Europäischen Parlament ausgeschrieben werden und sich im ersten Anlauf mehr als 80 Parteien mit einem Minimum an programmatischer und praktischer Übereinstimmung um 410 Mandate bemühen werden, dann fällt es schwer, sich eine Sternstunde Europas vorzustellen. Und doch: Wir müssen diesem Parlament schrittweise Kompetenzen, Initiativen und Ansehen vermitteln, damit es zum Motor politischer Kraft auch in der Währungsfrage wird.
Es liegt wohl weitgehend an uns, einem Europa bürokratischer Institutionen das Europa der lebendigen Kontakte gegenüberzustellen und aus der Erfahrung unserer ökonomischen Zwänge heraus dieses unser Europa als den Kontinent

ohne Alternative zu begreifen und damit zur Substanz unseres Egoismus zu machen. Zur Substanz dieses Egoismus gehört das freiheitliche Wirtschaftssystem, das Ihnen in Belgien und uns in Deutschland so große Erfolge gebracht hat und das wir mit guten und besten Gründen als ein System ohne Alternativen wiederum für Europa als ganzes einzubringen haben.

Wir alle werden den wesentlichen Inhalten unserer nationalen Gefühle und Traditionen verpflichtet bleiben wollen – der Reichtum unseres Kontinents ist und bleibt seine Vielfalt. In der Frage der gemeinsamen Wirtschaftspolitik aber stehen keine nationalen Fragen auf dem Spiel, sondern die Forderung, das bessere, das bewährte Rezept anzuwenden. Hier sind wir also wieder bei der Intelligenz. Erinnern wir uns einmal daran, daß unsere Vorfahren sich einen großen Vorsprung in der Weltgeschichte allein dadurch verschafften, daß sie mit besonderem Sachverstand mit dem Winde umzugehen wußten, daß sie die Segel richtig setzten für die Energie zu Hause in den Windmühlen, für die Schiffe auf den Meeren. Mit dem Wind hat sich Europa die Welt und seinen Reichtum erschlossen. Inzwischen haben wir lange genug in den Wind geredet.

Die letzten 30 Jahre waren in Europa die Geschichte eines vielfach gestörten Selbstbewußtseins. Unsere Imperien sind untergegangen, auf diese oder auf jene Weise. Es spricht einiges dafür, daß das, was wir alle als Engländer, als Franzosen, als Belgier, als Italiener, als Holländer und als Deutsche an Selbstbewußtsein eingebüßt haben, als ein hoffentlich ausgewogenes Selbstbewußtsein des Europäers zurückkehren wird, daß wir nach Jahrhunderten der Auswanderung aus Europa eine Zeit der Heimkehr nach Europa erleben, und daß wir diesen Kontinent nicht nur als Fluchtpunkt ansehen,

sondern wieder in seinem geschichtlichen Rang. Zur Geschichte Europas gehört es, daß wir uns niemals nur als ökonomische Lebewesen oder etwa als Gesandte einer ökonomischen Mission verstanden haben. Die Ausstrahlungen und Bewegungen der Europäer haben stets ein eigenes geistiges Format an Wißbegier, an Neugier und einer Suche nach dem Sinn des Gemeinsamen besessen. Die Beziehungen Europas zur Welt erhalten ihre entscheidende Prägung nicht durch Eroberungs- und Zerstörungslust, sondern weitgehend auch durch Hilfsbereitschaft. Setzen wir unsere Fähigkeit, Hilfe zu leisten, nicht zu gering an, wenn wir uns die geistige und wirtschaftliche Aufgabe Europas für die Zukunft vorstellen. Nur so werden wir unsere jüngeren Mitbürger auf den Sinn Europas hinführen. Es wird Zeit, daß man in Europa begreift, daß wir die führende Rolle in der materiellen Hilfestellung für die Dritte Welt schon übernommen haben.
Wir werden in 23 Jahren das 20. Jahrhundert verlassen, und ich meine, wir sollten uns langsam einmal darüber klarwerden, wie wir eigentlich im 21. Jahrhundert miteinander verkehren wollen, nicht nur in Europa, sondern auch weltweit. Unzulässig, unmöglich ist die Vorstellung, daß wir alle in Käfigen hinter geschlossenen Gittern sitzen. Möglich allein ist die Philosophie Europas: eines liberalen, offenen Miteinanders.
In seiner berühmten Züricher Rede vom September 1946 sprach Winston Churchill angesichts der europäischen Katastrophe von der Notwendigkeit, die europäische Familie neu zu schaffen. Nicht mehr und nicht weniger wollen wir heute bei veränderten Maßstäben und veränderten Ansprüchen.
Sie haben mich mit sehr freundschaftlichen Worten hier begrüßt. Erlauben Sie mir daher zum Schluß ein kleines persönliches Geständnis:

Ich verbrachte meine ersten Lebensjahre in Südamerika. Dort lernte ich gehen. Hier in Antwerpen legte das Schiff, das mich nach Deutschland brachte, zum ersten Mal in Europa an, und hier habe ich als Fünfjähriger erstmals mit eigenen Füßen den Boden Europas betreten. Meine Sympathie für Antwerpen und dieses Land, sie sind meine erste europäische Erfahrung, und vielleicht stimmt mich das heute trotz aller unserer gemeinsamen Sorgen so optimistisch für Europa.

BEGEGNUNG VON KUNST UND WIRTSCHAFT IN UNSERER ZEIT

Um es gleich am Anfang zu unterstreichen: Unser Thema umschließt die Aussage eines Optimisten – den Skeptiker mag schon der Leichtsinn stören, mit dem hier zwei weithin als gegensätzlich empfundene Kategorien menschlichen Handelns, nämlich Wirtschaft und Kunst, zueinander in eine Beziehung gesetzt werden, in eine Beziehung überdies, die sich über das distanzierte, von hinreichendem Mißtrauen begleitete Verhältnis der beiden zueinander offenbar hinweggesetzt, um nun auch noch mit der These von der Begegnung die Behauptung vorzustellen, hier verringere sich eine Kluft, hier bewegten sich zwei aufeinander zu – und dies in einer Zeit, in der nahezu alles auseinanderstrebt!
Da man so gute Nachrichten heute von einem Sachverständigen ganz allgemein nicht mehr erwartet, fühle ich mich in der Logik unserer Zeit gut aufgehoben, wenn ich hier als Laie erscheine, dem allenfalls das Herz des Liebhabers den Mut verschafft, vor Ihnen zur Sache zu sprechen. Die Definition, was hier als Wirtschaft und was als Kunst angesprochen werde, soll uns in diesem Kreise nicht aufhalten. Beide sind nur vielgestaltig faßbar. Wenn ich hier aber von Wirtschaft spreche, so denke ich vornehmlich an den Bereich, in dem Menschen industriell und im engeren Sinne unternehmerisch tätig sind.

Vortrag auf der Jahrestagung des Kulturkreises im Bundesverband der Deutschen Industrie eV. in Hannover am 14. Oktober 1973

Auch wenn wir den Zufall in der Geschichte der Kunst und in der Historie der Wirtschaft nicht missen wollen, so macht doch das Zufällige im Wesen der beiden wenig aus. Und so ist auch die hier zu erörternde Annäherung nichts Überraschendes, sondern vielmehr das Ergebnis eines Prozesses von einiger Dauer – eines Prozesses, den wir auf drei Ebenen verfolgen können, nämlich auf einer handwerklichen Ebene, auf der Ebene einer geistigen Beziehung und schließlich auf einer sehr persönlichen Ebene des Zusammentreffens von Menschen, von Künstler und Wirtschaftler.
Auf der Ebene des handwerklichen Prozesses scheinen mir die Dinge übersichtlich: Vom Handwerk her kommen sie beide. Den gemeinsamen Boden haben sie nie ganz verleugnen können, auch wenn wir schon lange Abschied genommen haben von der Identität in der Perstn des Künstlers, des Handwerkers, des Erfinders – einen Abschied, der spätestens unvermeidlich wurde, als die handwerkliche Leistung reif war für den Aufbruch in die Serie, in die Massenproduktion. Der Weg in die Industrie ist eigentlich niemals anders als der Weg fort von der Natur und damit fort von dem ursprünglichen Boden der Kunst empfunden worden.
Ich glaube, wir können die Dinge heute etwas anders sehen, nachdem ganz offensichtlich die technische Kraft dieses Jahrhunderts auch den entscheidenden Maßstab für die Kunst unserer Zeit gesetzt hat. Im Vergleich zu anderen Epochen werden wir das Charakteristische für die Entwicklung der Kunst in diesem Jahrhundert aller Wahrscheinlichkeit nach in ihrer intensiven technischen Beziehung sehen – einer Beziehung, für die zunächst in der bildenden Kunst der Kubismus unmißverständliche Signale setzte und die durch alle Ismen hindurch bis zur Gegenwart den roten Faden der Technik nicht mehr aus der Hand gelassen hat. Wohin wir

auch blicken, der Weg führt von der Impression, von der Inspiration hin zur Analyse der Struktur, zur Konstruktion. Der Forscher, der Erfinder kehrt zurück in die Kunst und scheint die Grundlagen des künstlerischen Handwerks neu zu bestimmen. Die Architekten legen die Schmuckkästen der Königin Victoria und des Jugendstils beiseite und tragen sich ihre Bausteine von Grund auf neu zusammen. Die bildende Kunst, die Musik, das Drama führen Auge und Ohr zurück auf die Geometrie hinter den Dingen, auf die Ecken und Kanten, Winkel und Kreise. Die moderne Kunst selbst feiert sich in Elementen, in Elementarteilchen und materiellen Essenzen als eine Epoche der Erfindung, der Materialverwandlung, der Wiederentdeckung. Dem Künstler steht die Freude einer Reconnaissance, die Freude des Erfinders und Entdekkers, im Gesicht geschrieben. Und die Musik legt am Ende einen achten Schöpfungstag ein, um uns gar neue Töne im Grenzbereich des menschlichen Ohres beizubringen. Es erscheint mir unzweifelhaft, daß wir in dem Mann, der bis zu seinem Tode nicht müde wurde, vor unseren erstaunten Augen neue Reichtümer auszugraben – ich meine Pablo Picasso –, vor allem ein Genie der Erfindung feiern werden. In seiner Kunst lebt die Ungeduld des Technikers nach Verwandlung, sein Werk scheint manchmal der Fabrik verwandter als der Natur, Raum und Körper erlauben zuweilen die Vorstellung einer industriellen Funktion. Die Kunst wandert von der Komposition zur Montage. Und schließlich werden geradezu zärtlich technische Teile, vor allem jene aus der Frühzeit industrieller Fertigung, in die künstlerische Gestalt übernommen. Die entfremdeten Kinder einer Mutter umschließen sich wieder. Und heute schauen sich Künstler und Ingenieur bei neuen Werkstoffen gegenseitig über die Schulter. Im Mittelpunkt unseres Beisammenseins hier in Hanno-

ver sehen wir Kunst und Technik wieder in einer Schmiede arbeiten, ein Versuch, der sicher beide herausfordert und den Künstler nicht nur vor die Frage stellt, technische Form zu übersetzen, sondern auch Balance zu halten mit der Schönheit und Harmonie dieser oder jener technisch vollkommenen Gestaltung. Man kann unsere Erwartungen an die Begegnung der Handwerker aus den beiden Lagern nicht hoch genug ansetzen, wobei wir nicht übersehen sollten, daß unsere vollkommensten Gebilde, die wir noch in industrieller Produktion herstellen – ich denke an das Schiff, und ich denke auch an das Flugzeug –, letzten Endes immer auch noch Handwerksarbeiten auf der Höhe unserer Zeit sind.
Lassen Sie mich nur einige verwandte Elemente im geistigen Prozeß des Unternehmers und des Künstlers ansprechen: Beide unterliegen in ihrer Arbeit durchaus vergleichbaren Prinzipien insofern, als sie berufen sind, die Dinge zu gestalten. Wer in unser weithin abgeleitetes Leben hinein neue Formen bringt, neue Wege aufzeigt, veränderte Verbindungen herstellt, der unterliegt unentrinnbar dem Zwang zur Entscheidung. So unerschöpflich unsere Zweifel auch sein mögen, so verworren und unübersichtlich die Gedanken, die Mittel und Wege, am Ende steht das Handeln, das Bekennen, das Verantworten; Kunst und Wirtschaft müssen abschließen können. Da mag der Weg noch interessieren, es zählt die Entscheidung. Hier sind die Gesetze von Kunst und Wirtschaft identisch – die Etude kann nicht übersprungen werden, gewollt ist aber das Ganze, die Komposition!
Dem Zwang zur Tat entspricht das Risiko, das Risiko des Widerstandes, das Risiko der Nichtanerkennung, das Risiko des Versagens. Es spricht viel dafür, daß die Risiken für den Künstler genauso gewachsen sind wie für den Unternehmer,

und daß ihm der Mut, aus der Kontemplation herauszutreten, in der Zukunft nicht weniger abverlangt werden wird als in der Vergangenheit, eine Courage übrigens, die die Brutalität gegen sich selbst einschließen muß, sich von dem eigenen Werk abzuwenden, ja es zu zerstören. So haben sich der Künstler und auch der Mann der Wirtschaft an der Sache zu erweisen. Und von der Sache her vereint sie beide Argwohn und Distanz gegenüber allem Dilettantischen, gegenüber den geschwätzigen Amateuren.

Ich meine, diese Gemeinsamkeiten sind bemerkenswert, bedenkenswert vor allem vor dem Hintergrund der sonst so unterschiedlichen Perspektiven von Wirtschaft und Kunst. Der Künstler bleibt der einzelne, der in der Zwiesprache die Begegnung mit dem anderen einzelnen sucht. Er ist der Souverän, und sein Anspruch, an das Vollkommene, das Einmalige, an das von ihm Geschaffene zu gelangen, bürdet ihm die Lasten des absoluten Herrschers auf. Er scheint befreit zu sein von den schwankenden Launen der Wissenschaft, aber in seiner Freiheit der vollkommenen inneren Unabhängigkeit ist die Freiheit der vollkommenen Vereinsamung enthalten. Aus ihr heraus ist er der Bestimmende, auch dort, wo er unverbindlich sein will; als Mitbestimmter gibt er seinen Rang auf.

Wie anders bleibt da unsere Welt der Wirtschaft: In die Unverbindlichkeit werden wir nie entlassen! Wohl selten wird unser Erfolg das vollkommene einzelne sein, wir suchen die Multiplikation, die Serie. Wir leben von der ständigen Wiederholung des Erfolges, von der Verteilung, vom Markt. Die Wirtschaft ist Gruppe, ohne Zusammenarbeit, ohne Team nicht vorstellbar. Ihr Erfolg ist immer Zusammenwirken vieler gewesen. Unsere Kunst ist es, die Vielfalt noch zusammenzubringen, und, eingeklemmt zwischen die Antriebe und Schübe der Wissenschaft, zu überdauern. Und dennoch – auch in diesen Unterschieden gibt es eine Bewegung aufeinander zu: Management, Präsentation, Werbung und das Placement; wer wollte sich hierbei nur auf den Industrie- und Handelsmann festlegen lassen? Es ist immer eine legitime Seite des Künstlers und der Kunst gewesen, Erfolg zu sichern und auch zu vervielfältigen. Auch die *ars multiplicata* heutiger Prägung, die Kunst also, die an den Markt tritt und dort den Konsumenten aufsucht wie andere Wettbewerber auch – sie ist kein Kind allein dieser Zeit. Wir haben künstlerischen Erfolg immer auch numerisch gemessen an der Höhe der Auflage des Buches, der Schallplatte, an der Zahl der Aufführungen im Theater, und damit auch – ärgerlichster aller Maßstäbe – an der vollen oder an der leeren Kasse. Und ungeniert und verräterisch nimmt das Wort Kunstbetrieb davon Kenntnis, daß Kunst auch Serie, auch Umsatz sein kann. Und letzten Endes ist das, was wir eine »Schule« nennen, nichts anderes als auch der Versuch einer besonderen künstlerischen Leistung – wenn Sie mir den Ausdruck erlauben – eine Provenienz nach Art einer Schutzmarke zu sichern. Eine frivole Vorstellung? Sicher nicht – die größten Maler haben darüber nachgedacht.

Die Milch der frommen Denkungsart allein – wer will sie schon auf die Dauer trinken? Und doch: sie bleibt ein Maßstab; wehe dem Erfolgreichen auch hier – er lebt fortan verdächtig wie unsereins. Der Deutsche mag die Großen lieber arm, und ein bißchen übel nimmt er es Goethe heute noch, daß er zu allem auch noch ein reicher Mann war!

Doch nun zu dem dritten Bereich, der Ebene der persönlichen Begegnung zwischen dem Künstler und dem Mann der Wirtschaft. Wenn Sie meinen Überlegungen über die Annäherung auf der handwerklichen Grundlage, aber auch über

gemeinsame geistige Essentialen beim Künstler und beim Wirtschaftler zustimmen, dann liegt der Schluß nahe, daß vor allem der Industrielle in besonderer Weise für die moderne Kunst aufgeschlossen sein mußte. Der Weg der Moderne kam seinem virulenten Interesse an der Entwicklung neuer Formen, seiner permanenten Neugier, seinem auf Progression eingestellten Rhythmus, entgegen. Er ist – richtig verstanden – immer der Progressive, er ist mit Sicherheit viel progressiver, als es so manchem lieb ist. War die Abstraktion für viele ein Hindernis vor dem künstlerischen Erlebnis, so war sie für ihn eher ein Spiel mit Modellen, mit Initialen und Chiffren, für neue Formen und neue Wege.
Die Früchte dieser Kommunikation haben nicht auf sich warten lassen. Wir haben uns daran gewöhnt, künstlerische Erfindungen im täglichen Gebrauch um uns herum wiederzufinden. Die Graphik ist aus ihrer kommerziellen Verwendung nicht mehr fortzudenken, sie zeichnet dort heute die Linien und die Farben nach, für die eine Avantgarde vor fünfzig Jahren durchs Feuer gehen mußte. Wir sollten uns aber das Staunen nicht nehmen lassen, das Staunen über die Präzision, über die geistige Brillanz, mit der in der Kunst die technische Entwicklung so oft vorausgeahnt wurde. So gibt es Arbeiten von Kandinsky, die wir nicht mehr betrachten können, ohne zugleich in ein Skizzenbuch, ja eine Regieanweisung für die Raumfahrt zu blicken, und die Welt, durch die Klee wie durch einen Traum zu wandeln schien – nun, wir haben uns in ihr eingerichtet.
Ich meine, daß dieses auf gegenseitige Anregung bezogene Verhältnis des Künstlerischen zum Wirtschaftlich-Technischen eine durchaus beglückende Erfahrung unserer Zeit ist, eine Tatsache, die ihr Gewicht erfährt aus der Vielzahl der persönlichen Begegnungen beider Seiten – Begegnungen, in

denen die innere Anlehnung austauschbar wird und die vor allem für den Künstler die Erfahrung beinhaltet, daß er in der Resonanz seiner Arbeit leben kann. Diese Erfahrung geht über die Vielfalt und Wirksamkeit jedes – auch des finanziellen – Mäzenatentums weit hinaus. Wir sollten es unumwunden aussprechen: Wir sind glücklich über die Breite, ja vielleicht die Einmaligkeit, mit der sich hier in Deutschland Kunst und Wirtschaft in Freiheit begegnen können. Und die Auszeichnung des hier versammelten Kreises besteht vor allen Dingen darin, daß man hier immer mit aller Entschiedenheit Geld und Gewissen voneinander getrennt hat, daß man das Mäzenatische begriffen hat vornehmlich als eine Chance, dem jungen Künstler beizustehen, ihn aufzumuntern, anzuregen, und ihn bei fehlendem Erfolg vor Resignation zu bewahren – nicht etwa als Versuch, ihm einen Weg vorzuschreiben, sondern ihn auf seinem Wege zu halten, ihm die Angst zu nehmen, er könne nur Epigone sein, ihm zu verdeutlichen, daß man auch nach Caspar David Friedrich eine Eiche und nach van Gogh eine Sonnenblume, nach Nolde den Himmel malen dürfe, daß wir alle, jeder auf seinem Gebiet, immer Nachfahren sind. Das ist es, was die Fruchtbarkeit dieser Begegnung ausmacht.
Wir wollen dabei keineswegs übersehen, daß die Vorstellung vom Unternehmer für den Künstler in aller Regel nicht dadurch erleichtert wird, daß er in einem besonderen Spannungsverhältnis einem Unternehmer seines Faches begegnet, dem Agenten, dem Verleger, dem Intendanten, dem Produzenten, dem Kunsthändler, und daß in dieser Beziehung Leistung und Gegenleistung besonders schwer gegeneinander abzuwägen sind, viel schwieriger etwa als in einem industriellen Arbeitsverhältnis. So kann sich für den Künstler die Vorstellung von einem Mißverhältnis, ja von der Ausnut-

zung seiner Arbeit sehr viel unmittelbarer und gegenständlicher einstellen als in anderen Berufen. Dies gilt heute um so mehr, als die Früchte seiner Arbeit oft in einer Weise der Spekulation auf dem Markt ausgesetzt sind, die zumindest irritieren muß – dies auch dann, wenn der Kunstmarkt damit letztlich freundliche Zeichen setzt, indem er nur den Hunger nach Kunst signalisiert.

Wenn das Verhältnis zwischen Kunst und Wirtschaft heute nicht schlechthin als ein kommerzielles Ereignis erlebt wird, dann verdanken wir das in Deutschland mit Sicherheit vielen herausragenden Unternehmern, die nicht nur in ihrer Persönlichkeit und ihren Begabungen ökonomische und künstlerische Elemente zur Wirksamkeit brachten, sondern die sich in ihrer Entscheidung für die Kunst und den Künstler durch nichts beirren ließen. Der Heiligenschein ist für den Mann aus der Wirtschaft ein verfehlter Schmuck. Es ist aber gut zu wissen, daß auch deutsche Unternehmer mit Entschiedenheit hinter den verfemten und verfolgten Künstlern gestanden haben, ihre Arbeiten kauften, als andere sie verbrannten, und ihnen im wahrsten Sinne des Wortes über die Zeiten geholfen haben. Unverlierbar für uns die Erinnerung an die Zeit danach, als die Kunst aus ihren Notunterkünften und Verstecken heraus emporblühte, in unser Leben zurückkehrte und erlebt wurde wie die Weihnachtsfeste der Kindheit.

Wird unser Gefühl füreinander Bestand haben? Kein Zweifel: eine Epoche, die Nachkriegszeit, ist zu Ende gegangen. Ihr geht der Ruf nach, ein Wunder an Wirtschaft erbracht zu haben. Die Zeichen für diese Zeit aber, Wirtschaft und Kunst haben sie gemeinsam gesetzt, beide haben in die verwüsteten Provinzen das Leben zurückgebracht. Eine Zeit der Ernte allerdings war es weder für den einen noch für den anderen.

Ein halbes Menschenalter nach der Katastrophe sehen wir die Verluste, die sich nicht überdecken und nicht vergessen lassen, vielleicht schärfer. Und wir erfahren überdies, daß die Zeit wohl beispielloser wirtschaftlicher Erfolge auch Skepsis, auch Unruhe erzeugt hat, ja mehr noch: offene Verachtung für die wiedergewonnene Welt, für die Freiheit, in der sie sich darstellt, vor allem aber für den Inhalt, den ihre Liberalität ausmacht.

Wir sollten uns ein waches Gedächtnis dafür bewahren, von welcher Art die *Intelligencia* war, die zunächst einmal sich selbst in dieser Ordnung nicht gefallen hat, um dann aus dem von Geist und Wissenschaft gewährten Asyl heraus Fundament und Gesicht des wiedergewonnenen Staates zu denunzieren, seine Freiheit in Verruf zu bringen als ein Angebot zur Überrumpelung, eine Offerte zur Manipulation, um dann schließlich mit einer schon beinahe beneidenswerten Begabung für Simplifizierung und für Klassifizierung unseren Status als Spätphase, unser Leben als Ausläufer und unsere Ordnung als eine Angelegenheit auf Abruf darzustellen. Der Ruf nach Umsturz und Gewalt, vor einem Jahrzehnt als Dummheit abgetan, erscheint heute als ein nahezu etablierter Bestandteil unserer Gegenwart.

Sie werden es mir nachsehen müssen, wenn ich bei der Frage nach der Begegnung von Kunst und Wirtschaft in dieser Zeit die Unruhe unserer Gegenwart deutlich anspreche. Denn diese Unruhe wollen jene, die sich sehr bewußt auf ein ungeliebtes Verhältnis zu dieser Gegenwart eingerichtet haben, in die Krise steuern. Und eben vor diesem Hintergrund haben wir die gestellte Frage zu beantworten.

Lassen Sie mich von den Tatsachen, die wir nicht übersehen können, nur einige hervorheben. Die Lehren vom gewaltsamen Umsturz der Dinge sind eine Tragödie in sich, eine

Tragödie der Lehrer, vielleicht eine Tragödie der Schüler. Sie sind in jedem Falle der zeitlich versetzte Widerstand gegen eine Gesellschaftsform, die es in der vorgegebenen Weise jedenfalls heute nicht gibt – daher auch der risikolose Aufruhr im Beginn. Daher das Kokettieren mit dem Untergrund in einer Zeit, in der sich niemand verstecken muß. Eine Tragödie der Lehrer, weil sie den Wandel unseres wirklichen Lebens nicht erfahren haben und blind waren oder auch blind sein wollten für das Mißverhältnis ihrer Thesen zu dem sozialen Durchbruch in unserem Land. Eine Tragödie der Jugend, weil sie um Wissen und Wirklichkeit betrogen wird und statt der sachlichen Information, von der so viel die Rede ist, letzten Endes nur mit dem Drang zur Utopie und erschreckend primitiven Bildern und Vokabeln ins Leben geschickt wird. Hier und dort suchen die Lehrer erschrocken schon wieder ihr Alibi – machen wir uns aber keine Illusionen über das Maß an geweckter Radikalität und an Aufbruchstimmung ins Kollektiv hinein. Zwei Dinge sollen gleichzeitig versucht werden: die radikale Flucht aus der Vergangenheit – die totale Abkehr von der Geschichte – und der radikale Zugriff auf das Morgen und Übermorgen, die – entsetzliche Wiederholung in wenigen Dezennien! – gefälligst wiederum genauso zu erscheinen haben, wie sich dies unsere neuen Kolonnengeister in ihren Sprechchören vorstellen. Ein überzeichnetes Bild? Wohl kaum. Die Belege sind erdrückend – die Gegenwart gibt hier keine Rätsel auf, denn noch niemals redeten so viele mit so wenig Wissen und so wenig Können, aber so weitreichenden Ansprüchen in unser aller Leben hinein. Über die Totalität des Anspruches täusche sich niemand, etwa weil er sich nur am Rande beteiligt sieht, solange der Wortschwall nur auf den Politiker, auf den Wissenschaftler, auf die Wirtschaft hereinbricht. Hier ist

nichts zufällig. Der vermeintlich geringste geistige Aufwand scheint erforderlich, um die Wirtschaft zu diskriminieren; hier kann man eine ganze Weile ungestraft im Allgemeinen verbleiben und das Bilderbuch der Klassen aufschlagen, in dem sich so ohne weiteres niemand auskennt. Und vor allem: die Ausbeutung – hier ist sie zu Hause!
Die Argumente und der Stil, sie wenden sich gegen alle! Das Wort vom Fachidioten war deutlich gegen jeden gerichtet, dem nun einmal aufgetragen ist, Kenntnisse zu bewahren, zu entwickeln und weiterzureichen. Gegen sie alle stellen sich diese tauben Moralisten mit nichts Geringerem als zunächst dem Anspruch, daß wir uns alle und vor allem zu schämen hätten, zu schämen, daß wir eine Sache verantwortlich in die Hand nehmen und damit – auf diese Automatik wollen diese Geister nicht verzichten – andere Menschen ausbeuten. Und der Ausweg aus dieser grotesken Szene? Die Überwindung – wie sie sagen – des Systems oder, klarer ausgedrückt, die Entmündigung des einzelnen. Dies im Namen von Freiheit, Gerechtigkeit und Solidarität, Abschied von der Person als dem Subjekt freier Entscheidung, Abschied von der Persönlichkeit als dem tragenden Element der Gesellschaft, und, wenn irgend möglich, damit auch zugleich Abschied von allem Gewachsenen, Überkommenen in den Kulturen dieses Kontinents. Historische Parallelen fallen schwer. Ein Aufbruch ins Nichts aus einer Zeit ohne Not – Revolution aus Langeweile –, das bringt die Weltgeschichte in Verlegenheit. Ein neues Zeitalter für Enzyklopädisten? Wohl kaum, in dieser Epoche des Ancien Régime gehörte für die Teilnahme am geistigen Leben schon ein wenig mehr als nur ein »Nein«.
Aber eins wissen wir: Dies ist kein Spiel an der Oberfläche, es kann kein Zweifel sein, die gegenwärtige Szene wird beherrscht von einer tiefgreifenden Krise. Der Verlust des Ver-

trauens in das Bestehende ist für viele eine Tatsache, man mag über die Proportionen noch philosophieren – hier entscheidet sicher viel die Perspektive des Betrachters, sein Alter, sein Gefühl für die Norm auf der einen Seite und für die Katastrophe auf der anderen Seite. Nicht mehr im Disput sollte die Tatsache stehen, daß wir es hier nicht mit einer technischen, sondern mit einer geistigen, mit einer moralischen Krise zu tun haben. Technische Krisen lassen sich letzten Endes auf der Ebene der Fachleute beherrschen und durch Eingriffe in die Bedingungen, zu denen wir miteinander verkehren – denken Sie etwa an eine Währungskrise –, in etwa korrigieren. Auch Wirtschaftskrisen, letztlich nichts anderes als überdimensionale Verluste von Vertrauen in die Zukunft, lassen sich mit einer technischen Methodik angehen. Die Teilhaber moralischer oder geistiger Krisen sind anders geartet. Hier sind die Geister im wahrsten Sinne des Wortes aufgerufen, sich zu scheiden und zu entscheiden. Eine geistige Krise, und diese im besonderen, ist immer eine Krise um die Freiheit und die Toleranzen, die wir uns gegenseitig zugestehen. Sie kann an niemandem vorbeigehen und trifft zentral diejenigen unter uns, die sich täglich aus der Freiheit heraus verwirklichen müssen. Und so ist die Krise um die Freiheit unabwendbar auch die Krise des Künstlerischen, des Künstlers, der Kunst.

Die Frage »Quo vadis« ist für alle gestellt, denn in Frage gestellt ist von allen alles, von der Kunst, von der Religion, von der Philosophie, die Formen und Inhalte des Rechts, der Ökonomie.

Für die Wirtschaft ist die Antwort eindeutig. Dabei ist es nicht so, daß wir den Zweifel etwa nicht kennen. Im Gegenteil: In ihm sind wir erzogen, und wir arbeiten in ihm. Die Perspektiven der verbleibenden 25 Jahre dieses gequälten

Jahrhunderts können ermutigen, sie können ausgesprochen positiv sein. Wir kennen aber auch die unübersehbaren Gefahren, die sich vor uns auftürmen, wenn uns das Gefühl verrät – und hier genügt das Gefühl –, daß eine gesicherte Grundlage für das Planen und für das ökonomische Streben nicht mehr besteht. Hier können die maßlosen Forderungen der Unvernunft das Maß des Vernünftigen durchaus verändern. Und hier kann die Krise von Wirtschaft, Gesellschaft und Kultur ineinandergreifen.

Wenn wir uns aber in einem verläßlich sicher sind, dann darin, daß das System unserer Arbeit und Zusammenarbeit nach aller Erfahrung und allem Vergleich die vernünftigste Form ist, in der sich der Anspruch des einzelnen auf Beweglichkeit und Wahl seiner Ziele und seiner Ausbildung mit dem Zwang verbindet, daß der Mensch nun einmal arbeiten muß und daß er diese Arbeit organisieren und teilen muß. Wir weichen dabei den Fragen nicht aus: Wer arbeitet? Wer leitet? Wer hat was zu beanspruchen? Wir lächeln nicht über die Vision von der totalen Gleichheit und Gerechtigkeit. Aber wir haben ein gutes Gewissen, wenn wir uns das Machbare vorstellen, wenn wir immer wieder erfahren, wie der einzelne sein Leben verwirklicht.

Es ist eine unbedingte Rarität in der Geschichte, daß sich zwei Alternativen, unser Weg und die Formel der anderen, so einfach, so plastisch und für jeden Einsichtigen so einsichtig vor uns darstellen. Nicht die Theorie, die Praxis ist hier aufgeschlagen, mitten durch unseren Kontinent hindurch, mitten durch unser geteiltes Land und schließlich auch noch durch die Stadt hindurch, die einmal sein Mittelpunkt war. Der Wandel, die Reform, sie sind unserem System immanent – wir können sie uns leisten. Die Vernichtung aber, die totale Absage an den Menschen und sein Recht, als ein Einzelwesen

zu bestehen, verlangen gebieterisch, daß wir hier unser Nein entgegenstellen.
Kann sich nun die Kultur außerhalb des Konfliktes stellen, kann sie im Wartezimmer bleiben? Nun, das kann sie schon vom Begriff her nicht. Die Frage ist wohl eher nach dem Weg des Künstlers in unserer Zeit zu stellen, nach seiner Entscheidung und nach seiner Chance.
Ist ein Zweifel überhaupt erlaubt?
Nun, der Künstler ist in besonderem Maße der Verführung, der Imagination ausgesetzt, daß radikaler Wandel, in welcher Richtung auch immer, eine fruchtbare Bewegung sein könne, daß jedes Establishment, auch das künstlerische, von Übel sei und daß Not ihre eigenen Früchte trage. Ja, eine bestimmte, sehr späte Romantik liegt hier bei uns in Deutschland immer ein wenig in der Luft, eine Romantik, in der sich Kunst und Armut in die Arme fallen, in der sich Unglück und Produktivität verbünden. Wären die besten Gedichte Hölderlins nicht ungeschrieben geblieben, wenn er glücklich gewesen wäre mit Diotima? Und sind die Musen nicht freundlicher, wenn der Poet unter dem Regenschirm in der lädierten Dachkammer fabuliert? Und schließlich: Hat die Weltwirtschaftskrise der 20er und 30er Jahre Kunst und Kultur im Wesen überhaupt berührt? Finden wir heute nicht in den Museen der Welt, was damals gemalt wurde?
Nun, die Atempause war kurz, die Apokalypse ließ nicht auf sich warten. Die Kunst saß bald auf der Anklagebank, und Kultur wurde vernichtet, unwiederbringlich, nicht wiederherstellbar, nicht wieder aufzubauen. Unsere Städte sind heute weithin eine Ansammlung von Unterkünften mit Komfort. Ihnen scheint etwas wie die Kraft der Zeugung genommen, es ist etwas vom Eros der Dinge dahin, dem Gotik, Barock, Rokoko, Klassizismus und zuletzt auch der Jugend-

stil ihr Formenspiel verdanken. Die Kunst, der Künstler, sie haben entsetzlich für das bezahlen müssen, was man auch damals den Aufbruch in eine neue Zeit genannt hat.
Andere Zeiten – neue Illusionen? Wer stellt sich denn hier vor? Diese totalen, elenden Bürokraten auch dieser Zeit, sie können sich einen Spielraum an Freiheit für die Künste nicht leisten. Die Fürsten wollten auch an ihren Untertanen Freude haben, sie adelten Köche und Kammerdiener, und der Hofnarr war eine Versicherung ihres Gottesgnadentums. Wehe denen, die da meinen, die Narrenfreiheit an den Fürstenthronen kehre wieder! Die Herrscher unserer Tage leben nicht in der Furcht des Herrn, aber sie bekommen kein Auge zu in der Angst vor ihresgleichen. Sie mögen von rechts kommen, sie mögen von links kommen: sie schaffen es nicht mit der Freiheit! Ungeliebt, wie sie sind, brauchen sie ständig den Applaus. Sie reden noch von der Kunst für das Volk und von »Kulturpolitik«, aber sie können Kunst und Kultur des Volkes frei nicht ertragen. Der freien Stimme geht schnell die Luft aus, und dem »Kulturschaffenden« bleibt als Gnadenbrot und letzte Erwerbsquelle das Pathos, mit dem der Staat sich selbst feiert. Wir haben es erlebt – die Weltgeschichte hält das ziemlich lange durch. Die Republiken des 20. Jahrhunderts haben dem Künstler ungeahnte neue Risiken auferlegt. Bedarf es des Beweises?
»Ich kenne zwei führende Übersetzer im besten Alter, die sich als Nachtwächter aufreiben, ich kenne drei Historiker, die im Keller die Zentralheizung bedienen, ich kenne einen Poeten, der nur mit Mühe die Stelle eines Bademeisters bekam, ich kenne einen ausgezeichneten Prosaiker, der Milch austrägt, ich kenne einen anderen, der Portier im Hotel gewesen ist.«
Eine Erzählung? Nein, Pavel Kohuts Brief an seinen Prager

Kulturminister, Sommer 1973. Er spricht von der Gesellschaft der Totgeschwiegenen, von seinen ehemaligen Freunden, die gestorben sind, überhäuft mit Orden und Titeln, weil sie mitgeholfen hatten, ihre nicht minder begabten Kollegen und langjährigen Genossen mundtot zu machen.
Wofür arbeitet der Künstler letztlich? Für einen Auftraggeber? Für sich? Für den Fortgang der Qualität? Für die Freiheit? Wer will hier eine summarische Antwort geben! Wenn wir aber an die minimale, unverzichtbare Erwartung denken, mit der ein Künstler leben muß, so ist es doch zumindest die, daß er sich verständlich machen kann. Diese Erwartung an seine Freiheit ist – so glaube ich – selten von einer Zeit so breit und so offen akzeptiert worden wie von der Gegenwart. Von unserer Gegenwart.
In dem Maße nun, in dem wir wissen können, daß der Künstler sich seiner Freiheit bewußt ist, können und müssen wir davon ausgehen, daß auch er den lauten Geistern der Ignoranz, der Intoleranz und letztlich auch der Unfähigkeit entgegentreten wird. Wir müssen uns eine Vorstellung davon machen können, daß dem Ungeist dieser Zeit nun auch aus dem Geist des Künstlerischen heraus geantwortet wird. Nur so können wir hoffen, daß das geistige Leben in unserem Lande, und das ist das Leben mit Andersdenkenden und die Freude eben daran – dem Künstler und uns unverzichtbar, dem Radikalen letzten Endes unvorstellbar –, erhalten bleibt.
Es spricht alles dafür, daß wir uns auch hier mit der Kunst begegnen werden.
Der Künstler ist betroffen durch jeden Aufruf, der Leistung erniedrigt und lächerlich macht. Sein Werk ist ohne Fleiß nicht vorstellbar.
Der Künstler ist betroffen von jeder Philosophie, die uns

Geschichte ausreden will, die uns von der Vergangenheit trennen möchte, denn kein Künstler kann das Handwerk, die Lehre, den Meister verweigern. Seine Absage an die Vergangenheit würde ihm den Sinn für die Gegenwart, den Weg in die Zukunft nehmen. Für ihn gilt uneingeschränkt das Wort Platos, daß Lernen Erinnerung ist. Er kann nicht Geschichte ausschlagen, ohne gleichzeitig die Chance zu verwerfen, Leben zu wiederholen. Die Torheit einer Abkehr von der Geschichte – hier wird sie besonders deutlich. Denn in der immer lebendigen Geschichte der Kunst sind die unübersehbaren Reichtümer dieser Erde gestapelt – ein Maßstab zugleich für unsere Armut, wenn wir auf uns allein und unsere Zeit starren wollten.

Und schließlich: Der Künstler ist betroffen von jedem Dilettanten, der sich ihm als Lehrmeister vorschreibt und die Kunst in erlaubte und verbotene Zonen aufteilt.

Behalten wir nur diese drei Dinge im Auge, so sehen wir den Grund für unsere Hoffnung, daß der Künstler berufen ist, die Zeit im Lot zu halten, aus dem Rang heraus, den er einnimmt, aus dem Anspruch heraus, den ihm sein Können, seine Arbeit, verschafft.

Dürfen wir schließlich noch nach dem Rang fragen und nach der Macht der Künste, die Sinne zu wandeln?

Wenn es so etwas wie eine internationale Bewertung geben kann für das, was einer gilt, so scheint es mir zu den guten Nachrichten dieser Zeit zu gehören, daß sich mit dem Bilde von der Bundesrepublik Deutschland in zunehmendem Maße neben der Vorstellung von einer außerordentlichen wirtschaftlichen Leistung, eines immer noch beachtlichen technischen Könnens, endlich wieder die Kunst als ein entscheidendes Element für die Begabung und Darstellung unseres Lebens in der Welt vorstellt.

Dies gilt zunächst und vor allem für die Musik, für die Kunst, von der Kastner sagt, daß hier der Deutsche seine Ursprünglichkeit besitze und daß letzten Endes jede Kunst, die zu sich selbst kommen wolle, zur Musik strebe. Dirigenten, die großen Orchester, die konzertante Arbeit in allen Provinzen, man möchte meinen, in der Musik sind wir uns selbst treu geblieben.

Aber auch die Bildende Kunst unseres Landes besitzt heute eine Ausstrahlung, die über die Grenzen hinausgeht. Es sieht so aus, als konzentrierten sich hier Interesse und Bewunderung auf die herausragenden Talente in Zeichnung und Radierung. Hier scheinen unsere Erzähler heute zu sitzen, hier ist ganz offenbar – etwa in Horst Janssen – so manches Genie unterwegs. Hier wird eine Distanz zu den Dingen sichtbar, die früher jedenfalls nicht so ohne weiteres mit dem so oft besungenen deutschen Wesen in Verbindung gebracht wurde: ich meine das Augenzwinkern hinter der Sache, den Humor, mit dem die Szene gesehen werden kann, den Spaß an den Dingen, mit denen man umgeht. Qualitäten, die durch alle Formen hindurchscheinen. Hier wird deutlich, wie sehr die Kunst in den vergangenen Jahrzehnten Rang und Raum der Freiheit erweitert hat, wie sehr sie die Sinne schärfte für die Vielfalt, mit der man sich in Freiheit bewegen kann.

Und der Sinneswandel? Nun, ich glaube, hier haben wir geradezu eine Demonstration der Macht der Kunst vor uns. Wir sehen anders, wir hören anders als vor Jahrzehnten – Gesichtsfeld, Sehvermögen und unser Gehör, sie haben sich verändert, nicht nur für den kleinen Kreis der ständig Begeisterten, der berufsmäßigen Seher und Hörer. Ja, es scheint so zu sein, daß wir nicht nur ein anderes Verhältnis zu den einfachen, allerdings oft genug kompliziert arrangierten Formen und Farben gefunden haben, sondern daß sich auch der

Zugang zu den gewohnten Bildern und Tönen geändert und – wie ich meine – vertieft hat. Die Werte sind neu bestimmt, und aus der Bewertung sind für unser Sehen das Erlebnis der alten Kulturen Afrikas, Südamerikas und Asiens, für unser Hören die Rhythmen der gleichen Kontinente nicht mehr wegzudenken. Das »Primitive« definiert sich anders als vor fünfzig Jahren.

Wie sieht es nun mit der Sprache aus? Sprechen wir auch anders? Vor allen Dingen: sprechen wir klarer, einfacher? Hier habe ich meine Zweifel. Ich sehe nicht, daß der Literatur etwa die Distanz geglückt ist, mit der sich unsere Musik und unsere bildende Kunst heute präsentieren, und die damit auch dem Risiko entkommen sind, etwa nur deutsch verstanden zu werden. Von Ausnahmen abgesehen, scheint mir für die Literatur in unserem Lande auch heute noch kennzeichnend zu sein, was man früher allgemein der deutschen Kunst nachgerufen hat, nämlich, sie sei eine »verspätete Kunst«.

Die unterschiedlichen Bedingungen für den Literaten liegen auf der Hand: er ist es, der in erster Linie den Verwüstungen unserer Sprache ausgesetzt ist. Er spricht und schreibt in der Sprache eines geteilten Landes, ihm werden die Inhalte und Vokabeln unterlaufen von Ost und West – die Sprache wird ausgewechselt, um mitreden zu können.

Das Ganze umfassen und in der Sprache vermitteln – dies ist heute schwerer als in früheren Zeiten. Ist es überhaupt noch vorstellbar, daß ein Schriftsteller in der Vielfalt zur Realität vordringt? Kann er noch wissen, worüber er schreibt? Es hat manchmal den Anschein, daß der Dichter bei Hofe die Wirklichkeit seiner Zeit und seines Volkes weniger verfehlt hat als dieser oder jener Schriftsteller der Gegenwart. So steht er denn im besonderen in der Gefahr, den Utopisten dieser Zeit

nachzuschauen, zumal sich jedenfalls in unserem Lande einige – erlauben Sie mir den Ausdruck – »klassische Spannungsfelder« der literarischen Szene wie etwa Krieg und Frieden, Schloß und Hütte, die Verfolgung, der Hunger, aus unserem Alltag entfernt haben. Dem Anschein nach haben sich die Konflikte verödet; sie müssen heute überdies in Zweieinhalb- oder Viereinhalb- oder Sechseinhalb-Zimmer-Wohnungen plaziert werden.
Ich bin sehr im Zweifel, ob die gnadenlose Feder des heutigen Schriftstellers das Verstehen erleichtert, dem Mißverständnis entgegenwirkt. Heinrich Vormweg hat in der Einleitung zu der Schrift des Kulturkreises des BDI unter dem Titel »Jemand der schreibt« gesagt, daß der Widerspruch des Schriftstellers eine gesellschaftliche Funktion sei, er sei unentbehrlich als Moralist, vielleicht sogar als Gallionsfigur des Neinsagens.
Nein zu allem? Gewiß ist es für die Literatur unzumutbar, das Anomale etwa normal finden zu sollen. Und selbstverständlich ist Kunst immer auch Streit mit der Gegenwart. Aber darf sich Kunst in diesem Streit erschöpfen? Kann die Betrachtung des endlosen Verlustes ein künstlerisches Prinzip sein? Was bleibt von einem Herzen, das nicht lieben will? Die Philosophie des Nein führt zur Resignation, zum Zynismus, und letzten Endes zum Nein gegenüber der Freiheit, auch unserer Entscheidungsfreiheit, nein sagen zu können, aber nicht ja sagen zu müssen.
»Verfluchtes Volk!
kaum bist du frei,
so brichst du dich in dir selbst entzwei ...«

Dieser Vers Goethes bestätigt sich einmal mehr in seiner bedrückenden Wahrheit.

Wenn wir unser Verständnis von Kultur ableiten wollen aus dem lateinischen Ursprungswort »colere«, also hegen und pflegen, bebauen, ausbilden, tätig verehren, so müssen sich die Neinsager an der Grenze sehen. Es wird einem Kulturvolk schwerlich genügen, zu wissen: wir haben Dichter! Es muß auch die Möglichkeit besitzen, seine Dichter zu kennen, es will bei ihnen zu Hause sein. Das Theater hat wieder einmal erfahren müssen, daß eine Szene, die sich in Permanenz als Tribunal präsentiert, verödet, und daß dieser Welt nicht beizukommen ist mit Revolutionsübungen zwischen dem Eisernen Vorhang und der Proszeniumsloge. Es sieht so aus, als stünden Shakespeare und Schiller wieder ante portas.
Und noch eins: Dieses zerrissene, zerstrittene Land ist nicht immer »ein Land voll Lieb' und Leben« gewesen, aber es ist auch nicht nur ein »Wintermärchen«, es ist auch noch ein Vaterland. Man wird wohl einmal fragen, ob wir in dieser Zeit, in der wir in diesem Teil Deutschlands frei sprechen konnten, etwa an den Herzbeschwerden dieses Landes vorbeigeredet haben.

»Ich hatte einst ein schönes Vaterland.
Der Eichenbaum
wuchs dort so hoch, die Veilchen nickten sanft.
Es war ein Traum.
Das küßte mich auf Deutsch, und sprach auf Deutsch,
(man glaubt es kaum, wie gut es klang)
das Wort: ›Ich liebe Dich.‹
Es war ein Traum.«

Träumen wir heute den Traum Heinrich Heines? Sind wir jetzt alle ausgewandert – des Landes verwiesen?
Unsere Zeit kann Minnesänger nicht erwarten. Sie wird sich um so mehr der einfachen, der unmißverständlichen Form

und dem klaren Wort öffnen. Wir können heute in der Malerei, in der bildenden Kunst und auch in der Musik nach aller Abstraktion und Analyse eine zunehmende Neigung zum Naiven, zur Natur, zur Landschaft, zum Lied nicht übersehen, nicht überhören. Trügt die Hoffnung, daß wir es auch in der Literatur einmal wieder mit einer Landpartie versuchen könnten? Der junge Wolfgang Borchert ließ uns in der kurzen Spanne, die ihm zwischen Kriegsende und seinem Tod verblieb, noch wissen, daß eine Injektion Nihilismus oft bewirke, daß man aus lauter Angst wieder Mut zum Leben bekomme. Und wenn es bei den anderen Künsten stimmt mit der Ironie, dem Zwischenraum, mit dem Sinn für Witz, ja einfach für Unterhaltung – sollten wir dann nicht neugierig warten, ob nicht auch in der Literatur wieder die Distanz gelingt und ob die Satire, die Komödie ihre Renaissance erfahren? Vor gut einhundert Jahren faszinierte Nietzsches Vorstellung von der »Geburt der Tragödie aus dem Geiste der Musik«. Dürfen wir uns auf eine Wiedergeburt der Komödie aus dem Geiste der bildenden Kunst einstellen? Vielleicht hilft dabei die Mahnung Nietzsches heute mehr als damals, der Deutsche laufe Gefahr, von seinen Idealen betrogen zu werden, weil er verlernt habe, persönlich zu denken, weil ihn sein Egoismus unfähig gemacht habe, zu lieben, und weil ihm deshalb seine Ideen über den Kopf gewachsen seien. Halten wir es doch mit unseren Ideen einmal so, daß wir auch wirklich in sie hineinwachsen können. Das Wort vom »Lebenskünstler« kommt eigentlich nur in unserer Sprache vor – warum erfüllen wir es nur so zögernd mit einem Inhalt?
Und endlich: auch an die Freude stellen wir immer noch Ansprüche. Das Deutschland Thomas Manns und Bertolt Brechts, es hat sich mit mehr Elend auseinandersetzen müssen als wir heute. Thomas Mann aber antwortet auf die Frage

nach dem eigentlichen Ziel seiner Arbeit: »Ich sage einfach: Freude.« Und Bert Brecht schrieb, in das zerbrochene Deutschland zurückgekehrt:

»Das untrüglichste Zeichen, daß etwas nicht Kunst
ist oder jemand Kunst nicht versteht, ist Langeweile.
Sie ist so heftig wie andernfalls das Vergnügen.
Die Kunst sollte ein Mittel der Erziehung sein,
aber ihr Zweck ist das Vergnügen.«

Überflüssig zu sagen, daß hier auch der Schlüssel liegt für alle Wirklichkeit einer Kunst für das Volk. Nur hier kann der Schriftsteller und Dichter das Tor öffnen für alle, damit jeder bei sich einkehre. Nur dann wird er ein Bestandteil seiner Zeit sein, so wie uns dies vom Ende des vorigen Jahrhunderts aus Lübeck übermittelt wird, als eine alte Frau bei Erhalt der Nachricht vom Tode Immanuel Geibels gefragt haben soll: »Wer kriegt nu de Stell? Wer ward nu Dichter?«
Dieses Zitat verdanke ich dem Beitrag von Hans Bender in der Festschrift zu Ehren unseres listen- und ideenreichen Freundes Gustav Stein. Er hat uns hier zusammengeführt. Ihm, dem Siebzigjährigen, salutiere ich hier nicht von ungefähr. Er ist heute – wie eh und je – ein lebendes und lebendiges Stück Begegnung von Wirtschaft und Kunst in einer Haut. Ohne seinesgleichen würden wir uns in Symbolen verständigen, und auch Optimismus braucht seine Fixpunkte.
Ich hatte Ihnen die Aussage eines Optimisten angekündigt, nicht etwa eine fröhliche Rede. Ist Optimismus zulässig, auch für die künftigen Begegnungen von Wirtschaft und Kunst? Ich glaube ja. Wir sehen vor uns den Menschen, die vielen Menschen, mit denen wir zusammenarbeiten. Sie besitzen und erwarten als Frucht ihrer Arbeit, ihres Umgangs mit der Technik, die freie Zeit für sich in einem Ausmaß, wie

sie früheren Generationen unvorstellbar war. Es sollte den beiden Welten, von denen hier die Rede war, gelingen, den Menschen in dieser neuen Dimension des Freiseins wieder heimisch zu machen in der unbegrenzten Vielfalt an Phantasie, an Erlebnis, an Leben, das in der Kunst auf ihn wartet. Durch nichts sollten wir uns entmutigen lassen, wenn es darum geht, in der Begegnung von Wirtschaft und Kunst den Menschen an die wohl wichtigste Erfahrung seiner Existenz heranzuführen: nämlich an das Erlebnis, daß das Leben unter den Menschen letzten Endes doch eine gute, eine sehr gute Sache sein kann.